選択の言語学

開拓社
言語・文化選書
79

選択の言語学

ことばのオートフォーカス

篠原俊吾 著

開拓社

は じ め に

　人生は選択に満ちています。生まれてから死ぬまで，選択の連続です。あまりに話が大き過ぎてイメージできないようであれば，今日一日，いや，今日の午前中のことだけ考えてみてもよいでしょう。朝起きて，何を着るのか，何を食べるのか，身支度は何が必要か，それらをどの順番でやるのか，何時に家を出て，どの道を通って，どの電車の何両目に乗って…，そして，いくつもの選択を乗り越えて，やっと職場（学校）に着いたとしましょう。仕事（授業）が始まれば，今度はそこからまた新たに数えきれないほどの選択が待ち受けていることは言うまでもありません。たかだか午前中数時間を考えただけでも，私たちは無数の選択を強いられていることになります。

　では，私たちはそれらをどのように決めているのでしょうか。もちろん，毎日同じような行動パターンの人はある程度ルーティン化されて，ほとんど意識することなくほぼ反射的に物事を行っていることもあるでしょう。もしそうであれば，選択には反射的な選択と熟慮を要する意識的な選択の二種類があることになります。であるとすると，日々行っていることはどこまでが反射的選択で，どこからが熟慮の選択なのでしょうか。

　ことばを話すことも日常生活のもろもろの出来事における選択によく似ています。もちろん，場合によっては熟慮の末に発することばもありますが，日常生活の中で，一字一句意識して，ことばを選びながら話している人はほとんどいないでしょう。つま

り，日常生活の中では，私たちはほとんど無意識のうちに，反射的にことばを用いていることになります。であるとすると，日々のもろもろの選択行為同様，どこまでが反射的で，どこからが熟慮の結果なのでしょうか。

　私たちは，日頃，自分の肉体，精神，それに基づく決断は自分の手のうちにあり，自分の意志で自由に操っていると考えています。しかし，ほぼ反射的に行っている選択があるとするなら，本当は日々の生活の中で気がつかないうちに何かを選択させられているということはないでしょうか。もし仮にそのようなことがあるとすれば，ことばを使用する際にも同じようなことが起きているのではないでしょうか。

　本書は「ことばとは選択行為の一種である」という立場から捉えてみると，どのような事実が見えてくるのかをできうる限り平易に記すことを試みるものです。第1章から第3章は，心理学や行動経済学の知見を援用しながら，私たちのものの見え方，捉え方について考えていきます。第4章では，私たちが日頃物事を判断する際に用いているシステムの中から反射的な側面をクローズアップします。ことばの運用も基本的にはこの反射のシステムに基づいており，他の反射的な対応と同じように無意識のうちに，あるものの「見え」（捉え方）を選ばされているのではないかという仮説を提唱し，以下の各章の議論の前提とします。以降は第1章から第4章までの知見を生かしつつ具体例を見ていきます。まず，第5章では，私たちのことばを裏で支えてくれている膨大な知識とそのネットワークについて触れ，第6章から第8章では，物事を少し「ずらしてみる」捉え方，そして，その背後にあることばのオートフォーカス機能を中心に議論を進め

ます（サブタイトルの中にある「オートフォーカス」は，将棋の羽生善治九段が直感を説明する際にたとえ話の中で用いたフレーズを参考にしています）。第 9 章，第 10 章は，因果関係の問題をここまで論じてきた「ずらす」視点を通して考えます。第 11 章では，「ずらす」ものの見方はどこから来ているのか，その発生について触れ，最後に第 12 章では，みなさんの日頃の生活の中から誕生した新語の創造においても「ずらし」の現象が見られることを確認していきます。

　本書は，ことばの問題に関心を持っているものの難しいことはあまりよく分からないという方にも手に取っていただけるよう，できうる限り特別な道具立てや専門用語を用いないように心掛けてあります。したがって，お読みいただくにあたって，特別な知識は前提としません。また，なるべくことばの問題がみなさんの身近なところにあることを感じていただけるよう，Twitter の投稿をところどころで引用し掲載しています。多くの実例を通して，読者のみなさんに日頃気がつかなかったことばのおもしろさを少しでも感じていただければそれに勝る喜びはありません。

目　次

はじめに　*v*

第 1 章　ことばの選択の背後にあるものは何か ……………… *1*
　1.1.　「去年より小さいやつにしたん？」　*1*
　1.2.　手がかりを見る　*3*
　1.3.　相対的に見る　*5*
　1.4.　まとめ　*9*

第 2 章　知っているものに近づけて見る ……………………… *10*
　2.1.　既知のものに関連づける　*10*
　2.2.　全体を見る，補完する　*13*
　2.3.　一を知って十を知る　*15*
　2.4.　記憶を書き換える　*17*
　2.5.　まとめ　*19*

第 3 章　前景，背景の選択 ………………………………………… *20*
　3.1.　鬼から見た「桃太郎」　*20*
　3.2.　図と地の反転　*23*
　3.3.　ああ言えば，こう言う　*24*
　3.4.　「推理小説」と「笑い」に共通するもの　*26*
　3.5.　見えないゴリラ　*28*
　3.6.　スキーマと文化：全体を見る日本人，個を見るアメリカ人　*30*

3.7. 選択肢のない選択　*32*
　3.8. まとめ　*35*

第4章　システムの選択：反射の1，熟慮の2 ……………… *36*
　4.1. 判断に関わる二つのシステム　*36*
　4.2. 将棋とことば　*38*
　4.3. 【余談】将棋とコミュニケーション　*41*
　4.4. まとめ　*42*

第5章　知識，記憶，連想：点を支える裏方 ……………… *44*
　5.1. 辞書に書いてあること　*44*
　5.2. 辞書的意味と百科事典的意味（知識）　*45*
　5.3. 11年間同じクラスだった子　*50*
　5.4. 点と点をつなぐ　*55*
　5.5. 文脈の補完　*56*
　5.6. まとめ　*59*

第6章　ずらす（1）：ことばのオートフォーカス ………… *60*
　6.1. ずらして調節　*60*
　6.2. さまざまなずらし　*64*
　6.3. 身体的特徴とその持ち主　*68*
　6.4. 形容詞と名詞　*70*
　6.5. fast　*72*
　6.6. wet　*74*
　6.7. 動詞 + able　*75*
　6.8. 連体修飾語　*77*
　6.9. まとめ　*80*

第7章　ずらす（2）：時間 ………………………………… 81

 7.1.　時間のずれ　*81*
 7.2.　名詞の中のプロセス　*83*
 7.3.　結果を含意する動詞　*86*
 7.4.　交替現象：「移動」と「所有」，「移動」と「状態変化」　*88*
 7.5.　転喩　*91*
 7.6.　能動態・受動態　*93*
 7.7.　多義語における時間のずれ　*97*
 7.8.　推論とずれ　*100*
 7.9.　まとめ　*108*

第8章　ずらす（3）：形の選択 …………………………… *109*

 8.1.　形と境界線　*109*
 8.2.　形状変化，種類に着目する　*110*
 8.3.　単体として見る，複合体として見る　*112*
 8.4.　活動，機能に着目する　*113*
 8.5.　抽象概念として見る　*115*
 8.6.　群れと個体　*117*
 8.7.　食材，種として見る　*119*
 8.8.　まとめ　*121*

第9章　因果関係の選択 ……………………………………… *122*

 9.1.　メタルと銃　*122*
 9.2.　原因帰属とは　*124*
 9.3.　帰属と主語の選択：形容詞文から考える　*129*
 9.4.　なぜ安定した性質として帰属させるのか　*133*
 9.5.　対象の性質・話者の心情：帰属の反転　*134*
 9.6.　形容語転移　*136*
 9.7.　まとめ　*141*

第10章 「ありえない」問題,「間違えやすい」問題 ········ *142*

  10.1. 行為と行為の対象　*142*
  10.2. possible, impossible 再考　*144*
  10.3. 選り分け：私じゃない私　*145*
  10.4. うっかりやってしまった行為の難易度　*150*
  10.5. まとめ　*156*

第11章 ずらす視点はどこから来るのか ····················· *157*

  11.1. 人とともに学ぶ　*157*
  11.2. 文脈とともに学ぶ　*158*
  11.3. アクションからは逃げられない　*160*
  11.4. まとめ　*163*

第12章 ずらして生まれる新しいことば ····················· *164*

  12.1. みんなで国語辞典　*164*
  12.2. 「身体的特徴（性格，外見）」で「人物」　*165*
  12.3. 「対象」で「関連する行為」　*165*
  12.4. 「行為」で「行為者，または，行為の対象」　*166*
  12.5. 婉曲表現　*167*
  12.6. 意味の一般化，特殊化　*168*
  12.7. 「擬態語，擬音語，擬声語」で「関連する行為，対象，様態」
　　　169
  12.8. 【余談】寿司屋の隠語　*170*
  12.9. まとめ　*171*

第13章 ずらす視点から分かること ························ *172*

  13.1. システム1再び　*172*
  13.2. 近くまで行く　*176*

13.3. 過去の蓄積と学習の重要性　*178*
13.4. まとめ　*180*

あとがき ………………………………………… *181*

参考文献 ………………………………………… *187*

索　　引 ………………………………………… *195*

第 1 章

ことばの選択の背後にあるものは何か

> 今朝起きてきた次女が,「なんか … 昨日もおかしいなって思ったけど … ツリー去年のと違うことない …? 去年のより小さいやつにしたん …?」って悲しそうな顔で本気で言ってて,かわいいけどバカだ … バカだけどかわいいですおはようございます背が伸びたんだよ。[1]

1.1.「去年より小さいやつにしたん?」

　上の引用は,ハラ出ぷっちょさんのツイートです。私も大人になってから昔通っていた小学校の教室に入った時,まるでミニチュアのような椅子や机を見て,娘さんと同じように不思議に感じた経験があります。

　言うまでもありませんが,私たちは自分の身体を基準に世界を見ています。私たちからすれば,昨日と今日の自分は同じ自分,即ち,昨日と同じ考え方を持ち,昨日と同じ肉体を持つ存在であり,それがずっと続いていくことを前提としています。したがって,もし何か変化が生じたとすれば,それは自分が変化したわけではなく,外界のほうが変化したと感じてしまうことがあります。たとえば,成長の過程で私たちは「服がだんだん小さくなって着られなくなった。」と言ったりしますが,洗濯して縮んでし

---

[1] ハラ出ぷっちょ (@ haradepuccho) さんのツイート (2017 年 12 月 19 日)。

まった場合はともかく，服の物理的な大きさが小さくなっているわけではありません。同様に，たとえば「トンネルの中を少し進んで，時々後ろを振り返ると，トンネルの入り口がどんどん小さくなっていった。」といった場合も，もちろん実際にトンネルの入り口が縮小しているわけではありません。いずれも眼前の世界の出来事を自分の変化ではなく，対象の変化として捉えているのです。[2]

　私たちに与えられたことばは意思伝達の手段であるだけでなく，私たちが生きている世界を描写し理解するための道具でもあります。では，私たちが描く世界とはどんなものでしょうか。一つの考え方は「目の前にある世界は誰にも等しく平等に与えられていて，人によって大きさ，色，形が変化するなどということはない。」というシンプルなものです。これは一見とても理にかなっているように見えます。しかし，与えられた目の前にある現実をあるがままに忠実にことばで描写することができるかと言えば，それは厳密には不可能です。もちろん，自分を客体化し，自分の姿を外側から眺め，風景の一つとして描写したり，実際には上空にいるわけでもないのに（地図を見る時のように）全体を上から俯瞰するようなあたかも客観的とも言えそうなものの見方をすることも可能ですが，それはあくまで捉え方の一つです。そう考えた場合，対象の捉え方，理解の仕方は，私たちがどのような身体を持ち，どのような角度から，どのような眺め方をするのかに

---

[2] ものを探している時によく「どこに行っちゃったのかな」と言いますが，厳密に言えば，ものはどこかに「行く」ことはありません。しかし，私たちは，あたかも失くしたものが自力で自分の分からないところへ離れていってしまったかのような捉え方をします。

よってさまざまであり，あらゆる言語表現は，その見え方の一つの選択肢に過ぎません。大事なのは「どのような世界が目の前にあるか」ではなく，（今まで見てきたように）「どのように世界が見えているか」ということです。

1.2. 手がかりを見る

「目の前の世界は誰にも等しく平等に与えられていて，場合によって大きさ，色，形が変化するなどということはない」という考え方がまだ十分のみこめないという方もいらっしゃるかもしれませんので，以下，私たちが目の前にある対象をあるがままに捉えていないことを示す例をいくつか見ていくことにします。[3]

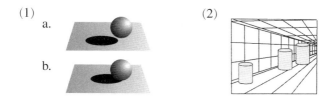

(1a) の球とその下に見える地面は (1b) の球と地面を複写したものです。にもかかわらず，2つの球は地面から異なる高さにあるように感じてしまいます。私たちは，光源が示されなくても，そして，黒い丸が光源に伴ってできる影を表していると言われなくても，無意識のうちに光源とそれによってできる影を読み込み，

---

[3] (1) は「隠されたジャストローの台形錯視」北岡明佳先生の作図（2006）（HP より。許可をいただき転載）http://www.psy.ritsumei.ac.jp/~akitaoka/classic4.html

高さを計算してしまいます。同様に (2) の図の中に描かれている三つの円柱は,実はみな同じ大きさですが,一番右側が最も大きく,一番左が最も小さく見えます。私たちは,同じ大きさの対象であれば,対象から遠ざかれば遠ざかるほどほど小さく見え,近づけば近づくほど大きく見えるという「見え方」を織り込んで対象を見ているので,このような錯覚が生じます。

　もう一つ距離(長さ)に関する例を見ておきましょう。有名な例(ミュラー・リヤー錯視と言います)なので,どこかで一度ぐらいは見たことがあるかもしれません。(3) の上下二つの直線を比較すると,下のほうが明らかに長く見えます。しかし(計っていただくと分かると思うのですが)実際は上下とも線の長さは同じです。ここから,実際の線の長さだけでなく,不等号(>, <, <, >)が距離を測る上で私たちの捉え方に影響を及ぼしていることが分かります。色に関しても,同じような現象は起こります。[4] (4a) の図を見ると,A の四角形と B の四角形では,A のほうが明らかに色が濃く感じられます。しかし,(4b) で分かるように,実は A,B の色の濃さは同じです。B は大きな円柱の影になっているため,影になった B の部分は,実際はもう少し色が薄いであろうという判断と黒と白のマスが交互に並んでいることから,A のマスは濃い色,B のマスは薄い色という判断がこの錯覚の原因になっていると考えられます。

---

[4] (4) は MIT 教授 Edward H. Adelson 先生が 1995 年に発表した「チェッカー・シャドー錯視」と呼ばれる錯視です。

第1章　ことばの選択の背後にあるものは何か　　5

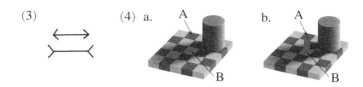

　ここまで，距離，大きさ，色の測定に関する例を見てきましたが，同じようなメカニズムが文字の認識においても機能しています。下記の（5）を見てください。A と C の間にある記号とゴルゴのあとの記号は全く同じ形をしています。しかし，ある文脈におかれるとアルファベットに見えたり，数字に見えたり変化します。（6）の図では同じ対象を縦読み，横読みするだけですので，その差がさらにはっきりすると思います。[5]

1.3.　相対的に見る

　1.2 節の（3），さらに（5）（6）において，焦点となる対象がどのようなものであるかを判断する際，周囲の要素が判断に影響を及ぼしている例を見ました。第三者の有無が見え方に影響を与える例をさらにいくつか見ておきましょう。（7）（8）の二つの図において，椅子は同じ位置に置かれているにもかかわらず，（7）

---

[5]（5）は北岡明佳先生の作図（HP より。許可をいただき転載）http://www.psy.ritsumei.ac.jp/~akitaoka/tagi3.html

は，The chair is in the corner. という文が適切であると感じられるのに対して，角にサイドテーブルが置かれている（8）の場合は（7）に比べて判断が難しくなると思われます（Lee（2001: 20））。

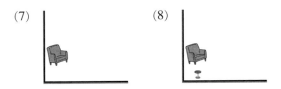

私たちが，単純に「椅子」と「角」の関係のみを見て，両者の位置関係を決定しているのであれば，（7）（8）とも同じ位置関係と感じられるはずです。しかし，実際はサイドテーブルの存在が影響し，（8）が角にあるかどうかの判断を鈍らせていることになります。

　私たちが何か物事を判断する際，手近な手がかりを参照し，相対的にものを見ていることは，視覚以外の判断においても見られます。行動経済学者の Ariely（2009: ch. 1）は，「エコノミスト」が提供した新聞講読方法を読者が選択する際に，選択肢の種類によって講読希望者の購買行動が変化することを指摘しています。最初に「エコノミスト」が提供した講読の選択肢は，以下の三つでした。この三つの選択肢の中から，どの講読を希望するか学生にアンケートをとったところ，「印刷版およびウェブのセット講読」希望が 84 人，「エコノミストドットコムのみの講読」が 16 人，「印刷版のみの講読」希望は全くいないという結果が出ました。

講読の種類	価格	選んだ学生数
エコノミストドットコムのみの講読	59ドル	16人
印刷版のみの講読	125ドル	0人
印刷版およびウェッブ版のセット講読	125ドル	84人

ところが,一見不必要に見える「印刷版のみの講読」を三つの選択肢から抜いて再度学生にアンケートをとると,下の表にあるように,「印刷版およびウェッブ版のセット講読」を希望する者は32人と激減しました。

講読の種類	価格	選んだ学生数
エコノミストドットコムの講読	59ドル	68人
印刷版およびウェッブ版のセット講読	125ドル	32人

ここから各選択肢の価値判断は,他の選択肢にどのようなものがあるかに影響を受けているということが分かります。Arielyは,真中の「印刷版のみの講読」の選択肢がおとりになっていて,それが「印刷版およびウェッブ版のセット講読」を引き立てていると指摘しています。すなわち,真中の選択肢が存在することで,三つ目の選択肢がより魅力的に見えますが,その「おとり」が消えてしまった途端,3つ目の選択肢の魅力が半減し,結果的に学生の選択に変化が出るということです。

　私たちが相対的に価値判断をしていることは,シカゴ大学のHsee(1998)の実験でも証明されています。Hseeは商品を単体で評価する場合と,二つの商品を並べて,値段をつけてもらう場合でどのような違いが出るか調査するため,以下のような実験を

しました。まず被験者を3グループに分けます。第一グループは，並列評価（複数の商品を並べて評価），第二,三グループは単独評価（他のものと比較せず，単独で一つの商品を評価）をしてもらうよう指示します。以下の表で分かるように，セットAとセットBの違いは，傷ありのコーヒーカップとソーサーだけなので，相対評価（つまり，二つを比較）すれば，当然，セットAのほうが値段が少し高くつくことが予想できます。

	セットA（40ピース）	セットB（24ピース）
大皿	8枚すべて良好	8枚すべて良好
スープ，サラダ用深皿	8枚すべて良好	8枚すべて良好
デザート皿	8枚すべて良好	8枚すべて良好
コーヒーカップ	8個うち，2個傷あり	
ソーサー	8枚うち，7枚傷あり	

実際，セットAとセットBを並列評価した第一グループは，Aを32ドル，Bを30ドルと評価しました。しかし，第二，第三グループに単独評価，すなわち，セットA，セットBを別々に評価してもらうと，Aは23ドル，Bは33ドルという値がつけられ，評価が逆転しました。セットAを単独で評価した場合，傷物が含まれていることから低く評価されたと考えられます。

第一グループ（並列評価）	セットA：32ドル	セットB：30ドル
第二,三グループ（単独評価）	セットA：23ドル	セットB：33ドル

エコノミストの選択肢の場合と同様，ここでも被験者の中で，あらかじめセット A，セット B の価値が決まっていたわけではなく，周囲の状況を手掛かりに相対的に価値を決定していることが分かります。

1.4. まとめ

　私たちに見える世界は，あらかじめ決められた絶対的価値観の元に成り立っているわけではなく，あくまで周囲との関係性の中で相対的に決まってきます。重要なのは「どのような世界が目の前にあるのか」ではなく，「目の前にある世界がどのように見えるか」ということです。

第 2 章

知っているものに近づけて見る

今日はこの「1 日中」という意味の all day long がなんで「田中」なのか考えて 5 分無駄にするという失態を犯しました[1]

2.1. 既知のものに関連づける

　ここまでは，長さ，色の濃さ，文字か数字かなどを決める際，周囲にある何らかの手がかりをヒントに判断する例を見てきました。第 2 章では，私たちは自分のよく知っているものを基準に用い，最もありそうな「見え」を確立していく例をご紹介します。(1) (2) を見てください。よく見ると何処となく愛らしい人の顔に見えませんか。私たちにとって人の顔は特別な存在です。目，鼻，口らしきものがあれば，そう見なくてもよいものまですぐ顔に見立ててしまいます（シミュラクラ現象と言います）。(3) は背中の模様が人の顔に見えることからジンメンカメムシという名前がつけられています。昔からトーストに現れたキリスト，壁にできた人の姿のようなシミなど，このような人の姿（とりわけ顔）を見い出す事例は数多くありますが，私たちには，何か分かりに

---

[1] (´のーのﾄ (@ifomyura10) さんのツイート（2017 年 11 月 14 日）。

くいものがあると，自分の身近なものを通して理解を試みる傾向があることが分かります。[2]

　(1)　　　　　　(2)　　　　　　(3)

　ことばにおいても同じようなことが起こります。私たちは，特殊な文脈が与えられていない限り，日頃の経験から最もあり得そうな解釈を想定するものです。たとえば，「はしを渡るな。」という文があったとしましょう。この「はし」は，特殊な状況でなければ，「橋」を意味し，「端」ましてや「箸」でないことは容易に判断がつくと思います。また「昨日，床屋に行ってかみを切った。」という文の「かみ」は普通に解釈すれば，「髪」であって「紙」ではないことは一目瞭然です。1.2 節の (5) において，同じ形の文字を数字の 13 とアルファベットの B の両方に認識できる例を挙げましたが，もしみなさんが「ゴルゴ 13」の存在を知らなければ，数字として認識する可能性は今よりもかなり低くなると思われます。

　このように，私たちは日頃の経験から最も可能性として高そうな正しい読みを選択すると思われますが，場合によっては，慣れ

---

[2] (1) (2) は「こんな顔」という玉坂めぐるさんのブログより許可をいただき転載。http://konnakao.blog96.fc2.com/ このブログは，玉坂さんがふとした日常に潜む「顔に見える」さまざまなものをどんどん撮りためていく「顔に見えるもの」収集ブログです。こんなところに顔が！ という発見，驚き，喜びを体験することができます。

親しんだものが障壁になり,理解の妨げになることもあります。(4) の文字をご覧ください。みなさんは,この文字を読むことができるでしょうか。なんだかカタカナのようでそうでないようで。実はこれはれっきとしたアルファベットのフォントで,ここには英語の単語が書いてあります。この字体は,日本在住のカナダ人デザイナー Ray Larabie 氏が制作した「日本人にだけ読めないフォント」と呼ばれているものです。

(4) **モレモnトROんARMOnIX**

　暗号のような文字列ですが,正解は ELECTROHARMONIX です。そう言われると,読めるような気もしませんか。日本語の文字をよく知っている人は,日本語に引きずられて,どうしてもカタカナ(もどき)に見えてしまいますが,日本語を知らない人には,そのような障壁がないため,比較的簡単にアルファベットとして読むことができるようです。[3]

　本章冒頭の(´の—の♭さんのツイートは,数字の「1」と「日」という漢字の間隔が狭く,さらに「日」の横棒がはみ出ているために「田」に見えてしまった例ですが,「田中」という文字のセットが私たちにとって極めて日常的な塊であり,それが障壁になったことも,解読に時間がかかってしまった大きな要因の一つであろうと思われます。[4]

　このように私たちは,たとえ目に見えるような形での手がかり

---

[3] エレクトロハーモニクスの活字は,無料でダウンロードできます。
https://www.dafont.com/electroharmonix.font
[4] 「夕刊」が書き方によって「タモリ」に読めるという事例もあります。

がない場合でも，今まで培ってきた知識を用い，その中で対象の最適な解釈を選択しているのです。[5]

2.2. 全体を見る，補完する

今まで培ってきた知識を活用するケースは他にもあります。人は隠れていて見えないもの，聞こえないものなどがあると今までの経験を用いて補完する力があります。(5) はカニッツァの図形と呼ばれているものです。[6] ご覧の通り，あるのは黒い図形だけですが，私たちの目には確かに存在しないはずの白い三角形が見えています。(6) は隠し文字の例です。(6a) では，これが何を示しているのかよく分かりませんが，(6b) のように，白い四角を各所に置いていくと，黒いブロックの一部分が白の四角の背後にあり，背後では黒いブロックが複数個つながっていると認識できるようになるため，LIFE の文字が浮かび上がってきます。ここでも白いブロックの背後を読み込む補完の力が働いています。

---

[5] 同様の現象は聴覚でも生じます。TV 朝日の長寿番組「タモリ倶楽部」の中に「空耳アワー」という外国の歌の中から日本語に聞こえる部分を見つけ出し，読者が投稿するコーナーがあります。Prince の Bad Dance の一節が「農協牛乳」に，また，Michael Jackson の Smooth Criminal の冒頭が「パン，茶，宿直」に聞こえるのは有名なところです。これらは自分の慣れ親しんだものに近づけて物事を理解しようとする現象を逆手にとって楽しんでいるものです。

[6] (5) は北岡明佳先生の作図（HP より。許可をいただき転載）http://www.psy.ritsumei.ac.jp/~akitaoka/catalog.html

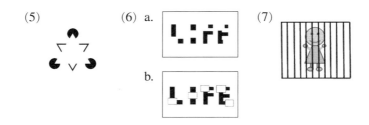

　(7) の檻に入った人間ですが，あくまで見えているものを正確にありのまま描写するのであれば「人間のぶつ切り」いうことになりますが，当然のことながら，私たちはこの絵を見て，人間がぶつ切りになっていると捉えることはありません。私たちが，柵の向こう側にいる人の見えない部分を想像で補って，一つの塊として理解できるのは，通常，事物を個々のパーツの集合ではなく，全体として把握しようとするものの見方（ゲシュタルト認知と言います）が機能しており，補正をかけて理解しているからです。[7]

　想像に難くないと思いますが，通常会話の中でも同じような補完は行われています。私たちは周囲の人たちとの少人数の会話の中で（特に周囲が騒がしい場合）すべての音を 100 パーセント聞き取っているわけではありません。発言者の聞き取りにくい部分，実際に何かの不都合で聞こえなかった部分は，文脈から判断して補って理解しています。一方，たとえば，慣れない外国語の聞き取りが非常に困難に感じる要因の一つは，この補完がうまくできないためです。補完がうまくできないと，すべての音を一字

---

　[7] (6) は池谷（2009: 104-106），(7) は池谷（2009: 39-41）の議論を参考にしています。

一句何もかも聞き逃すまいという気持ちで聞くので，大変な労力を要します。母国語であれば何でもないことでも，おおよその見当がつかない外国語を長時間聞き続けることが困難なのはこのようなことが一因であると考えられます。

2.3. 一を知って十を知る

突然ですが，ここでみなさんにクイズです。

> とある日曜日の朝，お父さんと息子が町に買い物に出かけました。運悪く2人は交通事故にあってしまいました。父親は即死，息子は病院に緊急搬送され，処置室に連れて行かれました。すると，そこに医者がやって来きました。運ばれてきた子どもの顔を見ると医者はこう叫びました。「あ，うちの子だ！」さて，この医者と子どもはどのような関係なのでしょうか。

これは，以前，私が使っていた英語のリスニング教材の中に出てきた問題です。[8] 答えは「この医者は息子の母親」です。最初からすでに医者が女性であると気がついていた方もいらしたとは思いますが，もし解けなかったとすれば，みなさんの頭の中で「医者＝男性」という思い込みがあったのではないでしょうか。補完は私たちが生きていく上でなくてはならない重要な能力であることは明白な事実であり，実際，医者が男性である確率もかなり高いのですが，時に「一を知って十を知る」やり方が「思い込み」

---

[8] 大杉正明（監）(1997: 44-45)。

や「はやとちり」につながることがあります。

　もう一つ例を見てみましょう。以下の文をさらっと読んでください。さらっと。

> SMAP（スマップ）ついに解散してしまったね。解散したあと，しばらく，キタムク，見なかったけど，マネヨーズのCMで久しぶりにテレビに登場した。元気な姿を見て，すっかり，ごぶたさという感じだったけど，相変わらずのイメケンだったし，ふいんきはあまり変ってなくて安心した。彼は解散で，なまぶことも多かったんだろうね。

いくつ「あれ」と思う箇所があったでしょうか。だいたいの意味さえ分かればよいと読み飛ばしてしまう人，細かいところによく気がつく人，おそらく個人差はあるかと思いますが，私たちは普段全体を先に見て，だいたいこの辺りであろうという目安をつけて物事を判断します。そのため細部まで一つ一つ確認をしないことが多く，文脈から判断して支障がなければ，つじつまの合うように必要に応じて補正をかけています。そのため，時々補正をかけ過ぎてしまい，間違いに気がつかないことがあります。みなさんも一度や二度は経験があると思いますが，全体の理解が先行してしまい，細部の確認があとになっている例です。

　他の人の書いた文章より自分の書いた文章のほうが明らかに誤植の発見は困難を伴いますが，これは，自分の書いた文書はすでに意味把握ができているため，細部への注意を怠り，補正をかける可能性が高くなることによると思われます。

2.4. 記憶を書き換える

2.1 節で人間の「顔」は特別扱いであることを指摘しました。顔らしきものを見ると，今度は「顔らしく」見ようとする意識が働きます。その結果，対象に補正をかけた上で，事実とは異なる形で記憶されることがあります。(8) (9) はイギリスの Thatcher 元首相の顔を逆さまにした写真です。いずれもさほど違和感なく元首相であると分かります。

(8)　　　　(9)　　　　(10)　　　　(11)

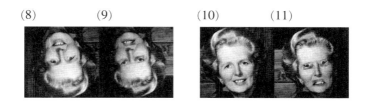

では，これを見やすいようにひっくり返してみましょう。いかがですか。(8) を元に戻した (10) はさほど違和感はありませんが，(9) を戻した (11) にはびっくりされた方もいるのではないでしょうか。ここから分かるのは，私たちは無意識のうちに人の顔をそれらしく理解するために，本来は歪んでいるものでも，補正をかけて「あるべき姿」をイメージしているということです。おそらく (9) を見た人は，ひっくり返した写真が (11) のようであるはずがないという推測から (10) を逆にしたものと理解し記憶すると思われます。

人は自分の目で見て，記憶したものを何よりも信じます。記憶の補正，そしてそれによる思い込みは，時に記憶を書き換えるという暴挙に出ます。Carmichael et al. (1932) の有名な実験がそ

れを端的に示しています。以下の（12）の図形をある人には「メガネ」であると言って見せ，またある人には「ダンベル」と言って見せます。それぞれの人に，ある程度時間が経過したあとに，改めて図形を思い出して描いてもらうと，「メガネ」と言われて記憶した人は（13），「ダンベル」と言われて記憶した人は（14）のように異なる絵を描くということが分かりました。

つまり，被験者は自分の信じる事実に見合うよう，視覚情報に補正をかけたことになります。このように同じ形を見ても，自分の記憶する話に合わせて，微妙に修正を加えるということが起こります。

　別の記憶の書き換えの例を見てみましょう。Chabris and Simons (2010: ch. 2) では，Hillary Clinton が Obama 前大統領と民主党の大統領候補争いをしていた最中に犯した記憶違い，Bush 元大統領が 9.11 当日に事件を知った際の経緯の記憶違いなど，実際体験していないことを自分の経験であると思い込んで語ってしまうという例が挙げられています。Hillary Clinton は，1996 年にボスニアを訪れた際，狙撃兵の銃火を浴びたと演説でその恐怖体験を語りました。しかし，その後メディアが事実確認をしたところ，そのような事実はないことが判明しました。これにより，選挙のためなら何でもするという印象を与えてしまい，致命的な失態になったと同書は指摘しています。一方，Bush 元大統領は 9.11 テロ事件の当日，最初の飛行機が世界貿易センタービルに突っ込んだ時刻は，訪問先の小学校で小学生に本を読

んであげている最中でしたが，当時の様子をあとで振り返り，当日映像で 1 機目がビルに衝突するのを確かにモニターで見たと証言しています。実は，1 機目の飛行機がビルに突入する映像はずっとあとになるまで入手できずにいたので，これは完全な記憶違いでした。Chabris and Simons (2010) には，この他，多くの記憶違いの例が挙げられていますが，自分の中の「こうあって欲しい」「こうあるはずだ」「こうであるに違いない」が現実の経験であるかのように思えてきてしまい，記憶の書き換えがしばしば行われます。

2.5. まとめ

　私たちは今ある状況を把握するために，周囲に判断基準になるようなものがない場合，前後の文脈，または，過去の経験に照らし合わせて，最もありそうなものと結びつけて考えます。また，見えない部分や足りない部分は，今までの経験と照らし合わせて補完します。そして場合によっては，最もありそうなシナリオを選んだが故に，事実が歪められることがあります。

第 3 章

前景，背景の選択

「挽きたてをただいまご用意いたします。」

3.1. 鬼から見た「桃太郎」

2.2 節では，自分の経験や知識に基づいて，見えないところ，隠れている部分を補完する例を見てきました。この章では，私たちが日頃，同じ出来事を如何に異なる角度から見て，（同じ状況でありながら）異なる理解の仕方をしているかを考えていきます。

唐突ですが，みなさんは芥川龍之介の「桃太郎」をお読みになったことはあるでしょうか。この作品はみなさんの知っている桃太郎の話とはちょっと違っていて，鬼たちの視点から語られています。この「桃太郎」では，鬼が島の鬼たちは以下のように穏やかな暮らしをしています。

> … 熱帯的風景の中に琴を弾いたり踊りを踊ったり，古代の詩人の詩を歌ったり，頗る安穏に暮らしていた。そのまた鬼の妻や娘も機を織ったり，酒を醸したり，蘭の花束を拵えたり，我々人間の妻や娘と少しも変らずに暮らし

> ていた。殊にもう髪の白い，牙の脱けた鬼の母はいつも孫の守りをしながら，我々人間の恐ろしさを話して聞かせなどしていたものである。[1]

さらには，鬼は子どもたちが言うことを聞かないと，以下のように人間のいる島へ送ってしまうと言って脅かしたりします。

> お前たちも悪戯をすると，人間の島へやってしまうよ。人間の島へやられた鬼はあの昔の酒顛童子のように，きっと殺されてしまうのだからね。え，人間というものかい？人間というものは角の生えない，生白い顔や手足をした，何ともいわれず気味の悪いものだよ。おまけにまた人間の女と来た日には，その生白い顔や手足へ一面に鉛の粉をなすっているのだよ。それだけならばまだ好いのだがね。男でも女でも同じように，嘘はいうし，欲は深いし，焼餅は焼くし，己惚は強いし，仲間同志殺し合うし，火はつけるし，泥棒はするし，手のつけようのない毛だものなのだよ …[2]

こんな穏やかに平和に暮らす鬼たちが鼻息荒くしてやって来た桃太郎一団の侵略に勝てるはずもなく，あっという間に鬼が島は制圧されてしまいます。降参した鬼の酋長に対して桃太郎はこう言います。

---

[1] 芥川龍之介（1987: 396）。
[2] 芥川龍之介（1987: 396-397）。

「では格別の憐愍により，貴様たちの命は赦してやる。その代りに鬼が島の宝物は一つも残らず献上するのだぞ。」
「はい，献上致します。」
「なおそのほかに貴様の子供を人質のためにさし出すのだぞ。」
「それも承知致しました。」

鬼の酋長はもう一度額を土へすりつけた後，恐る恐る桃太郎へ質問した。

「わたくしどもはあなた様に何か無礼でも致したため，御征伐を受けたことと存じて居ります。しかし実はわたくしを始め，鬼が島の鬼はあなた様にどういう無礼を致したのやら，とんと合点が参りませぬ。ついてはその無礼の次第をお明し下さる訣には参りますまいか？」

桃太郎は悠然と頷いた。

「日本一の桃太郎は犬猿雉の三匹の忠義者を召し抱えた故，鬼が島へ征伐に来たのだ。」
「ではそのお三かたをお召し抱えなすったのはどういう訣でございますか？」
「それはもとより鬼が島を征伐したいと志した故，黍団子をやっても召し抱えたのだ。——どうだ？　これでもまだわからないといえば，貴様たちも皆殺してしまうぞ。」

鬼の酋長は驚いたように，三尺ほど後へ飛び下ると，い

よいよまた丁寧(ていねい)にお時儀(じぎ)をした。[3]

　ちなみに，桃太郎が鬼が島に鬼の征伐に行くことを決めたのは，育ててくれたおじいさんやおばあさんのように，毎日，山，川，畑に仕事に出るのが嫌だったからです（と物語の前半に述べてあります）。そして，桃太郎の腕白ぶりに愛想を尽かしていた老夫婦も一刻も早く追い出したい一心であったと前段に示されています。立場を変えると随分話も変わってくるものです。この話の骨子は「桃太郎が，鬼が島にお供を連れ，鬼退治に行った」ということですが，「桃太郎」側から見た話と「鬼」側から見た話では似ても似つかないものです。このように物事は，どの角度から見て描写するかによって全く異なる話になるため，何をどこからどのように眺めるか，ストーリーの型選びが非常に重要になります。このようなストーリーの筋書きの型（見えの角度）をスキーマと呼びます。[4]

3.2. 図と地の反転

　これは，視覚の問題で考えるのであれば，ちょうど以下のような図と地の捉え方と関係しています。私たちは，ものを見る時，描写の中心になる前景（図）とそれ以外の背景（地）に分けて捉えます。(1) は一見，何か不規則な形のブロックが並んでいるかのように見えますが，(2) のように白いブロックの上下に横線を入れてみると，LITTLE という文字が浮かび上がってきます。

---

[3] 芥川龍之介 (1987: 398-399)。
[4] フレーム，スクリプトなどと呼ぶこともあります。

意味を持たないブロック模様に見えている (1) では，白い部分が前景，黒い部分が背景になっていましたが，LITTLE の文字が見える (2) では，LITTLE の文字部分が前景に浮かび上がり，それ以外の部分が背景に退きます。(3) はだまし絵で有名な Maurits Escher の作品です。黒い部分を前景にすると鳥の群れに，白い部分を前景にすると魚の群れが現れます。

(1)  (2)  (3)

(1) および (3) どちらの図も二つの理解の仕方を許容しますが，同時に両方の見方で理解することはできません。それはとりもなおさず，私たちが「見え」を通して対象を理解していることを意味します。スキーマを通して出来事を理解する際，その中の何か一つの題材を図として取り立てるわけですが，桃太郎の話にあったように，何を図として取り立てるか，何を地とするかによって全く異なるストーリーの展開が可能になるわけです。

3.3. ああ言えば，こう言う

スキーマが変わることにより，同じ出来事が 180 度異なる見方になることは日常頻繁に起こります。たとえば，Iyengar (2010: 99) によれば，2004 年のアメリカ大統領選の選挙期間中，民主党の大統領候補の Kerry 氏は発言を何度も変えたことから，主義主張に一貫性のない日和見主義と非難され，逆にいつも言う

ことの変わらない共和党候補の Bush 元大統領は「ぶれない」と賞賛されたことが記録されています。しかし，Bush 元大統領は，選挙後，同じく「ぶれない」発言を繰り返した際，今度は日々変化していく状況を無視して同じ主張をオウムのように繰り返すだけの人物と批判されることになります。Bush 元大統領自身は全く変わらなかったのですが，元大統領に対する世論のスキーマが一貫性重視から柔軟性重視に変わったことにより，評価が 180 度変わってしまった例です。

　二つ目は，ベストセラーになった書籍の例です。ご存知の方も多いと思いますが，スキーマの転換をうまく利用し，ネガティブなことばをポジティブに読み替えようと試みたのが『ネガポ辞典』（ネガポ辞典製作委員会著，主婦の友社）です。もともとは高校生の発案でできた辞典で，携帯電話の無料アプリとして登場し，のちに書籍になっています。たとえば「三日坊主」は「①三日間も集中して物事に取り組むことができる，②行動力がある，③切り替えが早い」，「泣き虫」は「感情を素直に表現できる」，「きもい」は「存在感がある」，「愛想が悪い」は「媚を売らない」，「存在感がない」は「周りに溶け込める」といった具合です。最初に挙げた「三日坊主」では，持続性の欠如を強調するスキーマから，スピード感，短期集中をクローズアップするスキーマへの読み替えが行われています。このように，同じ状況でも，スキーマを変えることで，180 度ものの見方を変えることができます。[5]

　最後に，私が自ら経験したスキーマの反転例をご紹介します。

---

[5] https://ddnavi.com/news/108023/a/ 参照。著者へのインタビューを参考に，著者自身のお気に入りの変換を載せました。

某大手コーヒーチェーン店に行った時のことです。コーヒーを注文したところ，たまたま，作りおきのコーヒーがなくなっていました。店員は「あいにく，すぐに用意できるコーヒーがないので，今から作るからしばらく待って欲しい」ということを私に伝えなければなりません。気が利かない店なら「少々お待ち下さい。」程度の対応でしばらく待たされると思います。気の短い私は，機嫌が悪ければ「店側の準備の悪さ故に，待たされている」と感じ，ちょっとイラっとしたかもしれません。しかし，この時のお店の対応は「挽きたてをただいまご用意いたします。」でした。この一言で「客を待たせている」というネガティブなスキーマから「大切なお客様のために，わざわざ挽きたてを用意している」というスキーマに反転します。「採れたて」「挽きたて」いずれにせよ，新鮮なものを提供されて嫌な顔をする人はあまりいません。(私が単純なだけかもしれませんが) このような筋書きによって，「準備を怠っている」「待たせている」という側面は背後に退き，「客のために美味しいものを提供しようと努力している」という店側の努力が前面に押し出されたわけです。

3.4. 「推理小説」と「笑い」に共通するもの

　異なるスキーマを用いて事態を捉えるということは，素材を変えずに，別の角度から出来事を再解釈するということを意味します。事態の再解釈は Sherlock Holmes を始めとする推理小説において，犯人が見せようとする筋書きを，残された痕跡を手掛かりに別の角度から組み立て直し，謎を解き明かしていく際に重要な役割を果たすことになります。

事実を全く変えることなく今まで当然と思われてきた解釈の仕方を替えることをパラダイムシフトと言います。たとえば，大病をして思うように日常生活が送れなくなると，日々の当たり前の出来事が当たり前ではなく，一つ一つありがたみを実感します。この場合，日々の生活自体は何の変化もありません。変化したのは，それらと向き合う私たちの心のあり方です。スキーマの転換は，このパラダイムシフトには必要不可欠なものです。

スキーマの転換は推理小説のみならず，ユーモアのメカニズムを解き明かす際にも非常に重要な役割を果たします。たとえば，Ramachandran and Blakeslee（1998）は，「笑い」のメカニズムを以下のように定義づけています。

> 一般的に聴き手を惑わしてまちがった予測の方向に誘い，少しずつ緊張感を高める。そして最後に，先の情報を根本的に解釈しなおさざるをえない予想外のどんでん返しをする。しかも，新しい解釈は，全くの予想外であるにもかかわらず，もともと「予想されていた」解釈と同じくらい，事実全体を「意味」のあるものにする解釈であることが必要不可欠である。… しかも，新解釈がおそろしい結果ではなくささいな結果であるとき，笑いが起こる。[6]

Ramachandran and Blakeslee は話の流れが期待していた通りのスキーマとは異なるスキーマで捉え直すことができ，加えて，再解釈後の話が些細な結末であること（つまり，最後がほっとす

---

[6] Ramachandran and Blakeslee（1998: 204-205）。邦訳『脳のなかの幽霊』（2011: 261-262）参照。

るような話であること）が笑いを引き起こすのに必要な条件であることを指摘しています。言うまでもなく，ここでも同じ出来事を異なる二つのスキーマを用いて捉えることが重要な役割を果たしています。[7]

3.5. 見えないゴリラ

スキーマによって，ストーリーの中でクローズアップされる素材と背景に退く素材が出てきます。最近の心理学の実験では，視点を変えると，背景に退いた素材に対して注意が向けられなくなるだけでなく，実際に注意の対象から外れた素材が視界から消えることが報告されています。Chabris and Simons (2010) による有名な「見えないゴリラ」の実験をご紹介しましょう。[8] さまざまな類似する実験が行われていますが，オリジナルの実験では，被験者は，白・黒二つのチームに分かれたバスケット選手が登場する動画を見せられます。そして，その動画の中で，白チームが何度ボールをパスし合うか，その回数を数えることが求められます。時間はわずか10数秒ですが，実はパスをしている間，プレイヤーたちの間をゴリラの着ぐるみを着た人がダンスをしながら通り過ぎて行きます。かなり派手にプレイヤーの真中を通り抜け

---

[7] 本書では，この他，緊張してしまった時に出る笑いなど，他の笑いのメカニズムに関しても考察があります。

[8] YouTube で視聴可能。Selective Attention Test, The Monkey Business Illusion, Test Your Awareness など呼び方はさまざまです。実験に用いられるアクションもバスケットのパス，サッカーのパス，リンゴのトスといろいろあります。また，登場する着ぐるみはゴリラ，クマ，踊りもダンス，ムーンウォークなど多種多様ですが結果は同じです。

て行くのですが，パスの数を数えるのに夢中な被験者は，ゴリラの存在すら気がつきません。

　もう一つ興味深い例をご紹介します。これは実験ではなく，南アフリカの保険会社 Santam が作成した CM です。[9] バーで，一人の男性（アカデミー賞主演男優賞を受賞したことのあるイギリスの俳優，Ben Kingsley）がカウンターにもたれかかりながら，こちらに向かって「人はものをすぐ見逃すものです…」と語り始めます。いかに人の記憶が不正確であるかを 20〜30 数秒語り続けたあと，男性が CM の最後に「ところで，今私が話している間に，後ろのバーテンダーが 4 回服を着替えたのに気がつきましたか？」とこちらに向かって問いかけます。後ろでは，忙しく仕事をするバーテンダーが右へ左へと動いているのですが，確かにもう一度 CM を見直すとわずか 30 秒程度の間に 4 回服が変わります。ネクタイは変わり，長袖が半袖になり，着ている服の色も変わっています。しかし，ほとんどの人は，手前の男性に気をとられていて，それらに全く気がつきません。

　背景に退いた地の風景は，当然のことながら，焦点から外れるため注意が行きにくくなるであろうことは予測できます。しかしながら，存在そのものが消えてなくなる，服装が大きく変化していることに全く気がつかないといった事実をつきつけられると，私たちが事実をありのままに「見て記憶して」いると断言するのはかなり無理があると言わざるを得ません。

---

[9] YouTube で視聴可能。https://www.youtube.com/watch?v=GR-UOzew-D5A

3.6. スキーマと文化：全体を見る日本人，個を見るアメリカ人

　ここまで「見え」の問題が重要であることを論じてきましたが，私たちのものの見方に文化が影響している可能性を示唆する研究報告がいくつかあります。[10]

　一つ目は，発想に関する研究です。たとえば，自分の結婚を報告する場合，英語なら I will get married. のように「誰が何をするのか」という形で表現しますが，日本語の場合はしばしば「このたび結婚することになりました。」のようになりゆきとして描写します。「このたびこの部署に配属になりました。」「お席はこちらになります。」など日本語の場合は，場面の中に動作主がいるにもかかわらず，それを目立たせない形で，ことのなりゆきとして表現する傾向があります。このような発想の違いに関し，池上（1981, 1982）は，描写対象の中の動作主（とりわけ人間）を際立たせるような形で表現する発想と，たとえ動作主がいても，全体の中に埋没させ，個を際立たせないような形で表現する傾向の強い発想があることを指摘し，どちらかと言えば英語が前者の傾向が強く，日本語は後者の傾向が強いことを指摘しています。

　二つ目は責任の所在についての研究です。Menon et al.（1999）は，1995年に発覚した大和証券ニューヨーク支店巨額損失事件（行員が自分の取引で発生させた損失の隠ぺい工作をし，また，損失を取り返すため取引を不正に行い，さらに損失を膨らませていった事件。不正は10年続きました）における新聞報道でアメ

---

[10] 3.6節および3.7節の議論の一部は，Iyengar（2010）を参考にしています。

リカの報道（ニューヨークタイムズ）と日本の報道（朝日新聞）の記述を比較したところ，アメリカでは，個人に原因があるとする傾向が強かったのに対して，日本では明らかに組織のあり方を問う記述が多かったことが指摘されています。また，同論文は，この事件に基づき似たような構図の架空のストーリーを作成し，他のアジアの国の大学生とアメリカの大学生に原因を問う実験も行っています。ここでも，やはり，アメリカ人大学生が個人の問題であるとする傾向が強かったのに対して，アジアの学生は組織やチームのあり方に責任を見い出すケースが多いという結果が出ました。

　最後に，子どもの教育に関するアプローチの違いについての研究を見ておきます。Yamada (1997: 133) では，子どもを説得する際のストラテジーが文化によって異なることが指摘されています。欧米はあくまで個人の行動が論理的であるかどうかに焦点を当てて説得を試みますが，日本の場合は，相手の気持ちを推し量るようなやり方で説得する傾向が見られるようです。アメリカであれば（たとえば，スーパーでカートに載せたスープ缶を子どもが床に投げ始めたのに対して父親が）「ちゃんとベルトコンベアーに載せなさい。ベルトに載せないとレジで勘定してもらえないんだから買えないぞ。ベルトの上に置きなさい。」とあくまで子どもの問題として，論理に基づいて説得しようとするのに対し，日本の場合は（ベビーカーに乗せられていた幼児が傘を放り投げて喜んでいた時，母親が幼児に対して）「ママ悲しいな。ケイちゃん，いいのかな，ママ悲しくても。」と相手の気持ちを思いやることを通して，子どもの気持ちを切り替えさせるように仕

向けています。[11] どちらも達成目標は，子どもにしかるべき行動をするように説得することであることには変わりはないのですが，アメリカの場合は，あくまで子ども個人の問題として論理的に説得を試みているのに対し，日本の場合は，周囲（集団，コミュニティー）の意向を配慮し，できるだけその期待に沿うように行動することを子どもに教えていくという点で大きく異なります。[12]

これらの研究に見られるように，同じ出来事に接する場合でも，個に関心の高い文化と全体への関心が高い文化が存在するのであれば，好まれるスキーマにも違いが出てくることがあってもそれほど不思議なことではありません。

3.7. 選択肢のない選択

アメリカでは，建国以来「個人の自由を最大限にし，できうる限り個人が多くの選択肢を持つ」ということが最重要視されています。何をパンに挟むか細かく選択し，世界に一つだけのサンドイッチが作れる大手サンドイッチチェーンのサブウェイのキャッチコピーには，My Way（オレ流／わたし流）や Choose Well!（上手にチョイス！）と選択こそ最良であることを強調することばが並びます。学生の食堂では，通常，アラカルトメニューの中から自

---

[11] 邦訳は『喋るアメリカ人，聴く日本人』(2003: 209) に基づいています。
[12] オリンピックでのメダル獲得後のインタビューにおいてもこの傾向は見られます。Marcus et al. (2006) は，日本人の場合は，コーチ，家族など，自分の成功は全体で勝ち取ったものであることを強調するケースが多いことを指摘しています。

分の好きなもの自由に選択でき、アイスクリーム店に行けば見ているだけで満腹になりそうなくらい多くの種類のフレーバーに出会うことができます。[13] アメリカで銃乱射事件が沢山発生してもなかなか規制運動に拍車がかからず、そして、国民皆保険がなかなかできなかった要因の一つは、もちろんロビー活動などの影響も大きいですが、できうる限り、誰か他の人（この場合は政府）に自分の選択を委ねるのを避けたいと思うのがアメリカでは当たり前のこととして受け入れられているからです（武装する自由は、憲法で保証されています）。

このように選択が重視される社会では、実際は選択の余地がない場合でも、選択のスキーマに持ち込まれることがあります。Yamada (1997: 60) に言及があるように、映画 Mission Impossible に登場する CIA の工作員たちが指令を受ける場面でそれが見られます。映画では、指令は必ず Your mission, should you choose to accept it ... というお決まりの機械によるメッセージで工作員に伝えられます。このメッセージの should you choose to accept it は「もし受け入れることを選択するならば」という意味ですが、実際は指令を聞いた工作員には、拒否する選択肢はありません。指令を出した側はこのように choose を用いることで、あたかも工作員がこの厳しい任務を自ら選択したかのようなスキーマに持ち込んでいるわけです。

このような、基本的に選択権のない時ですら、選択肢を与え、

---

[13] アメリカで暮らしたことのある小学生が、日本に戻って来て驚くことの一つが、給食はみな同じものを食べる、つまり、選択できないことだと聞いたことがあります。

相手に選ばせるような形をとるということは，日常言語の中にもしばしば見られます。たとえば，会社で上司や同僚などに以下のようなことを言われたら，ここでの can は事実上，should という意味だと考えたほうがよいかもしれません。

(4) You can pass it on to the HR when you go to the head office.
（本社に行ったら，HR（人事部）に渡して下さい）

実際にこれを告げられたスタッフには人事部に届けないという選択肢はありません（上記の文は会社の業務であるため，依頼がもう少し強い意味合いを持ち，事実上の命令に近い意味になるかもしれません）。しかし，can を用いることで，依頼を受けたスタッフは，これを「自ら渡すということを選択する」という選択の物語として受け入れなくてはなりません。[14]

Iyengar (2010: ch. 7) が行った聞き取り調査によれば，できうる限り多くの選択肢を持つことが重要視されるアメリカ社会では，たとえば，回復の見込みのない我が子の生命維持装置を外すか否かといった厳しい選択を迫られ，できれば選択を避けたいと思うような時でも，多くの親が「選択を放棄する」，または，「選択を誰かに委ねる」ということを受け入れるのが非常に難しいと回答しています。この結果に関して Iyengar は，ある意味では，アメリカ社会で生まれ育った人たちには，選択を回避するという選択肢は想像すらできないのかもしれないと結論づけています。このように，スキーマは，極めて個別的な状況に関わるものもあ

---

[14] 6.4 節で payable の意味変化にこの問題が関わっていることを論じます。

りますが，ある一定数の集団が共有するスキーマも数多く存在し，もちろん，冷静に考えればそれ以外のスキーマもあることは分かっていても（第1章で挙げた錯視の問題同様）気づかぬうちに選択させられていることもあるということになります。

3.8. まとめ

　私たちは，目の前にある出来事をさまざまな角度から捉えることが可能です。何を取り立てるのか，また何をそれ以外の背景として描写するのかによって，同じ出来事でも複数の解釈が可能になります。この視点の転換は，新しい発想が求められるような場面（たとえば，笑い，推理小説の謎解き）においても非常に重要な役割を果たします。また，文化によっては特定のスキーマを好む傾向があり，私たちが特定のスキーマを選択せざるを得ないような状況も発生します。

第 4 章

システムの選択：反射の 1，熟慮の 2

> 選択は直感的に行われるが，その直感は経験や訓練の
> 厚い層をくぐり抜けてきているという感覚ですね。
>
> 羽生善治[1]

4.1. 判断に関わる二つのシステム

　私たちは，日々朝起きてから寝るまで，無数の可能性の中から一つのものの見方を選択し，意思決定をしていますが，その捉え方，意思決定をすべて意識的に行っているわけではありません。むしろ，本当に熟慮を要する場合を除けば，無意識のうちに行われていることのほうが多いのではないでしょうか。Kahneman (2011: 20-21) は，物事を判断する際に私たちが二つのシステムを用いていることを指摘しています。二つのシステムは以下の通りです。[2]

　　システム 1（速い思考）自動的に高速で動き，努力はまった
　　　く不要か，必要であってもわずかである。また，自分のほ

---

[1] 岡田武史・羽生善治 (2011: 27)。
[2] Kahneman (2011) の邦訳は，『ファースト＆スロー』〔上〕(2014: 41) に基づいています（一部改変）。

うからコントロールしている感覚は一切ない。

　システム2（遅い思考）複雑な計算など頭を使わなければできない困難な知的活動にしかるべき注意を割り当てる。システム2の働きは，自分が行為の主体となっている時，選択をしている時，集中している時と関連づけられることが多い。

さらに，Kahneman は，システム1が自動的に行うことの例として以下のようなものを挙げています。[3]

・二つの物体のどちらが遠くにあるかを見て取る。
・突然聞こえた音の方向を感知する。
・「猫に○○○」という対句を完成させる。
・おぞましい写真を見せられて顔をしかめる。
・声を聞いて敵意を感じとる。
・2＋2の答を言う。
・大きな看板に書かれた言葉を読む。
・空いた道路で車を運転する。
・チェスでうまい指し手を思いつく（あなたがチェスの名人だとする）。
・簡単な文章を理解する。

　システム1によって行われていることの中に「簡単な文章を理解する」とあるように，意識的かつ慎重な表現選択を必要としない日常会話のインプットはシステム1において行われていると

---

[3] 『ファースト＆スロー』〔上〕（2014: 42-43）を参照。

考えられます。

4.2. 将棋とことば

Kahneman が挙げているシステム1によって行われていることの中に「チェスでうまい指し手を思いつく」というのがあります。これは，私たちが日常用いている普通の表現を使えば，「直感」に相当するものです。私たちはことばを話す時，「この単語を使おう」「これを主語にしよう」「この文を受け身で表現しよう」といったことをいちいち考えながら話しているわけではありません。つまり，ことばの適切な選択もある意味で直感に近い感覚であると考えられます。では，この直感はどこから生まれてくるのでしょうか。それを解く鍵を見つけるために，ことばの選択の問題と関連づけながら，将棋の棋士の思考のプロセスについて考えてみたいと思います。

ご存知のように将棋やチェスは選択の連続です。相手が一手指したら，必ず次は自分の選択が待ち受けています。パスは許されません。将棋の場合，棋士が一手を指す際に考えられる選択肢は平均約80通りあると言われています。プロの棋士はこれをすべて精査して決断しているのでしょうか。将棋の羽生善治九段は岡田武史氏との対談で以下のように述べています。[4]

> 平均八十通りの手から直感的にふたつか三つの候補を選び，そこからさらに歩を動かすとか桂馬を跳ぶといった具

---
[4] 岡田武史・羽生善治（2011: 22）。

体的なシミュレーションをするのですが，このとき，残りの七十七〜七十八の可能性を検討することは基本的にしません。直感によるオートフォーカス機能を信用して，直感が選ばなかった他の大半の手はその場で捨ててしまうんです。最近のカメラは自動焦点機能がついていて，カメラが自動的にピントを合わせてくれますが，直感の作用はあれによく似ています。

さらに，直感について羽生善治九段は以下のように分析しています（この章の冒頭に挙げた引用もご覧ください）。[5]

直感とは，多くの選択肢の中から適当に選んでいるわけではなく，自分自身が今まで積み上げてきた蓄積の中から経験則によって選択しているのではないかと，私は考えている。

では，この直感はいつ培われるものなのでしょうか。羽生善治九段は自分が直感で指すようになった経緯を以下のように述べています。[6]

私が直感に重きを置くようになったのは棋士になってある程度経験を積んでからのことです。10代でプロになったころは，ロジックが8〜9割を占めていました。というのは，直感的に判断しようにも，直感のもとになる経験がな

---

[5] 羽生善治 (2011: 130)。
[6] PHP THE 21 2013年1月号インタビュー。チェスの世界王者であったKasparov氏も自著 (2007: ch. 14) の中で同様の指摘をしています。

いからです。そこで，いわば物量作戦のように，考えられる手をしらみつぶしに考えていくしかなかった。それが，10年，15年と経験を積むうちに，思考の最初の段階でおおざっぱに「だいたいこのあたりかな」と予測して，そこから細かいところをロジックで詰めていくという方法に変わっていったのです。

これをことばの問題に置き換えてみましょう。私たちは基本的に文法規則に則っている限り，自らの意志によって表現を選択し，自由に言語化することが可能なはずです。それができるのは，実際に小さい頃から（羽生善治九段がしらみつぶしに考えてきたように物量作戦で）ものの言い方を周囲の人の模倣，読書，学校の授業など大量なデータを通して学び，ことばの規則を身につけてきたからです。しかしながら，（これまた，実際のプロの対局と同じように）ことばを発する度に，膨大なデータの中から毎回の選択肢のあらゆる可能性を考え，最適な表現を選んでいくのは，私たちにとってあまりに負担が大き過ぎます。できうる限り効率よく，省エネで素早い決断をしていくためには，日常の経験を蓄積し，最適である可能性の高い展開にできるだけ近づけるよう準備しておくことが必要不可欠です。システム1によって瞬時に最適な判断ができるのは，そのような最速の最適化のためのデータの集積故であると考えられます。[7] もしこの考えが妥当であるとすると，私たちはどのような知識を集積し，どのような準備をしているのでしょうか。次章以降は，私たちが蓄積している知識

---

[7] ほとんど反射的であるとすると，選択の余地は限りなく少なくなることになります。この問題については，池谷（2009: 244）で議論されています。

と「ずらす」ものの見方を通して、このシステム1について考えていくことにします。

4.3.【余談】将棋とコミュニケーション

（本論からやや逸れるので、本筋を追っている方はここは飛ばして読んでください。）羽生善治九段は将棋は他の競技とは違って半分は相手によって決まるものであり、相手に委ねる部分が多いことを挙げ「相手に展開を預ける委託の感覚や、もっと言えば、相手との共同作業で局面を作り上げていく協力意識や共有感の方が大切になってくるのです。」（岡田・羽生（2011: 181））と述べています。これはまさしく、会話において話者に期待されていることです。さらに、私たちはことばを用いる時、一文話す度に次の展開を何通りも考えているわけではなく、ある程度、会話の流れ（まとまり）の中で話が展開する方向性に目安をつけていることが多いと思いますが、将棋の場合も一手指したらリセットして次の一手を考えているわけではなく、ある程度流れ（定跡）で把握していると言われています。一方、コンピュータは一手指したらまたリセットして次の一手をあらゆる可能性の中から考えているので、コンピュータと対局している時は（流れが感じられず）違和感を感じることがあると羽生善治九段は述べています。対局時は、頭の中に型のような一連の流れのパターンをいくつも用意していて、流れに乗ると、音楽でワンフレーズ歌うと次が自然に出てくるように、自然と次の手につながっていくようです。私たちも、学校、アルバイト先、家族、レストランといった日常の場面の中で自分がおおよそ、どのような立ち位置にいて、どのような

行動が期待されているか，どのような流れで物事が進行し，どのような会話が展開されるのか，ある程度予測がつくと思います。もちろん将棋も会話も最後の詰めは熟慮が必要で異なるものの，ある程度ユニット化し，そのユニットの積み重ねで全体が構成されているという点は共通しています。

さらに，羽生善治九段は，よい対局ができた時，つまり，法則性のある，流れのある局面ができた時はどのように対局が進んだのか最初から最後まで対局内容をあとで振り返り説明できる（または覚えているのもそれほど難しくない）そうですが，たとえば，幼い子ども（幼稚園児）同士の法則性のない対局の場合は，棋譜を見ても説明（解説）できないと述べています。私たちが日頃交わしている日常会話もある程度流れでできており，筋道，ストーリー性のある話，つまり法則の見い出せる会話であれば，その流れをあとになって思い出すことはできますが，全く脈略のない話，つまり法則性のない話の場合は，何を話したのかあとで覚えていられません。このように，将棋はことばによる対話，ことばの運用と多くの共通点を持っています。

4.4. まとめ

Kahnemanによれば，私たちの意思決定のメカニズムには2つのシステムが作動しており，そのうち一つは，特に努力を必要としない反射的なものです。いわゆる直感に相当するものはこの中に含まれますが，直感は，ただその場の思いつきではなく，日常の経験の集積から生まれるものです。日常言語の背後にも同様の反射的なシステムが機能していると考えられますが，ことばの

背後にある経験の集積のおかげで，私たちは，その都度，次に発することばのあらゆる選択肢を検証せずとも，瞬時に最適な表現にたどり着くことが可能になるのです。

第 5 章

知識，記憶，連想：点を支える裏方

あこうだい【あこう〈鯛〉】〔赤魚の意〕タイに似た深海魚。顔はいかついがうまい。

5.1. 辞書に書いてあること

　以前恩師のお宅にお邪魔した時，奥様（英独仏伊堪能な語学の達人）が一冊の文庫本を勧めてくださいました。『新解さんの謎』（赤瀬川原平著，文春文庫）という辞書編纂者に関するエッセイです。辞書編纂という仕事は，今でこそ『舟を編む』（三浦しをん著，光文社文庫）のヒットもあり，認知度もずいぶん上がり市民権を得ているようですが，当時はまだそれほど脚光を浴びていなかったと記憶しています。

　この本は簡単に言ってしまえば，『新明解国語辞典』（三省堂）の一版から四版の記述を見て，辞書編纂者の人物像を思いめぐらす痛快なエッセイです。著者の赤瀬川氏が「こんなに「身」を感じる辞書は他にはない」（47 ページ），「守りではなく攻めの辞書」（47-48 ページ），「辞書というのは言葉の意味の多数決を発表するもの。というのが常識。でもそんな選挙結果を待たずに，自分の投票内容をどんどん公表してしまう。」（95 ページ）と評している

ように，初期の『新明解国語辞典』は，通常の辞書には見られない記述が多く，読みごたえすら感じさせてくれます。赤瀬川氏は，この辞典の編纂者を「新解さん」と親しみを込めて呼び，この辞書と辞書編纂者の魅力の一端を紹介しています。

たとえば，「白桃」「鴨」「いしなぎ」「あこう鯛」「赤貝」「おこぜ」「たらばがに」「すっぽん」「はまぐり」などには「おいしい」「うまい」という記述が見られます。「夏が最もうまい」のように，おいしい季節が明記されているものもあります。「ゴキブリ」の欄には，「さわるとくさい」とあり，「虎」には「皮は敷皮用」，「さい」には「角は漢方薬用」，「国賊」は「いけないやつ」と書かれています。概して女性には厳しく，例文の中に女性に対する厳しい姿勢が散見されます。『新解さんの謎』の中にも書かれているように，この初期の『新明解国語辞典』がただ引くための辞書ではなく，読み込んで編者の息づかいを感じ，楽しむための辞書であることは間違いありません。

このように『新明解国語辞典』の初期の版が脚光を浴びるのは，すでに申し上げたように，語の定義の面白さ故です。なぜ面白いかと言えば，普通辞書には書かれていないような記述が見られるからです。では，一般的に辞書に書かれていること，また，逆に書かれていないこととはどんなことなのでしょうか。

5.2. 辞書的意味と百科事典的意味（知識）

赤瀬川氏が述べているように，「辞書というのは言葉の意味の多数決を発表するもの」であることは言うまでもありません。つまり，多くの人に当てはまる情報が盛り込まれていることが暗黙

の了解事項になっています。したがって，人によって評価が異なる可能性のある情報は，通常辞書には盛り込まれにくくなります。結果的に，個人の匂いのするものはできるだけ排除し，誰にでもうなずいてもらえるようなものだけが残ることになります。先ほど挙げた「おいしい」「いけない」「夏が最もうまい」が辞書の記述として特筆に値するのは，（もちろん共感してくれる人もいると思いますが）編者の個人的な好みが反映されていたからです。では，「漢方薬用」とか「敷皮用」は多数決の中に入るのでしょうか。それとも個人の匂いのするものとして排除されるべきものなのでしょうか。

　言語学ではしばしば，辞書的意味（単語にはなくてはならない中核となる意味，つまり，個人の匂いのしない意味），百科事典的意味（中核的な意味に準ずるさまざまな周辺的な意味）という区別を行い，言語学の意味論研究においては，辞書的意味を主たる研究対象と考えてきました。しかし，実際に両者を分けようと試みると，極めて基本的な単語においてですら，どこからが辞書的で，どこからが百科事典的か明確に区別することが困難であることがよく分かります。先ほど挙げた「漢方薬用」「敷皮用」に戻ってみましょう。これらの情報は私たちには本質的ではないようにも見えますが，もし私が専門業者であれば，必要不可欠な情報で，むしろ本質的なものであると感じられるかもしれません。別の例を見ておきましょう。たとえば，広辞苑では「犬」は以下のように定義されています。[1]

---

[1] 鈴木（1973: 4章）は，辞書に示されていることばの定義と実際の意味との間には，ずれがあることを指摘しています。この問題は第11章を参照。

第5章　知識，記憶，連想：点を支える裏方　　47

　　　ネコ目（食肉類）イヌ科の哺乳類。よく人になれ，嗅覚と
　　　聴覚が発達し，狩猟用・番用・軍用・警察用・労役用・愛
　　　玩用として広く飼養される家畜。品種も日本在来の日本犬
　　　（秋田犬・柴犬など）のほか多数あり，大きさ・毛色・形
　　　もさまざまである。

英語の辞書の場合は，これに四つ足（four-legged）であることが加わりますが，あとはおおむね似たような定義が多く見られます。確かに上記の定義は誰の目にも明らかな犬の特徴と呼べるもので，異存はないように思えます。しかし，犬を一度も見たことのない人がこの定義を読んで犬の意味が理解できるかと言えば疑問を感じざるを得ません。私たちの知っている犬にはもっと「犬らしい」特徴がたくさんあるように思えます。ためしに犬について瞬時に思い出せそうなイメージを書き出してみることにします。

　　　暑いと舌を出してハアハア言う，上下関係に敏感である，
　　　基本的に散歩が好きだ，骨が好きだ，散歩に行くと行く
　　　先々の匂いをかぐ，マーキングする，ワンワンほえる，悲
　　　しいときはクーンとなく，歯が鋭く時には人に噛みついて
　　　殺すこともある，お手やおかわりなど時々芸をする，…

私にとっては狩猟用であったり，軍用であることよりも追記した特徴のほうがよほど犬らしさを感じるのですが，これらは辞書的意味，百科事典的意味どちらに入るのでしょうか。また，もしどこかで線引きをするとすれば，どこまでが本質的でどこからがそうでないということになるのでしょうか。
　鈴木（1973: 101）は，早い段階から，この二つの区分けが非

常に難しいことを以下のように指摘しています。

> 本来名詞で表される事物や対象は，多くの場合，殆ど無限に近い側面を持っている。たとえば，植物一つをとってみても，その分類学上の性質や位置，形態，分布を始めとし，有毒か無毒か，食べられるかどうか，食べられるとすれば，どこをどう料理するのか，価値はどの位のものか等々，人間がそれに接する数多くの側面と角度があり，このどれも，「定義」の中に取り込まれる可能性を持っている。ということはすべての人間に通用するような絶対性の強い「定義」は殆ど不可能であることを意味する。現代の言語学では，ことばの知識と，ものの知識が区別できるかどうかが問題になっているが，私の考えでは少なくとも本来的な名詞については，この区別は不可能である。何故ならば，「定義」自身が，ことばを使う人の経験と知識に直接依存しており，これはいくらでも改新され得る性質を持っているからだ。

上記の指摘にもあるように，通常，単語の意味を理解しているということは，単語の表す対象の形状，色，材質といった物質的な特徴のみならず，それがどういう文脈で用いられ，私たちにとってどのような存在であるかということもセットで理解していることを意味します。もちろん，対象と接する人が異なれば，そして接し方が異なれば，対象の持つ意味も変化することになります。単語の意味は多面的で，本質的であるかないか明確な区分が難しいのはそのためです。以下の例を見てみましょう。

第5章 知識,記憶,連想:点を支える裏方

(1) あの銀行はとても親切だ。
(2) あの銀行は今年で創業 100 年になる。
(3) 昨日あの銀行に強盗が押し入った。

(1) から (3) に現れる「銀行」は,形式上は一つでありますが,微妙に意味が異なります。(1) は「行員」,(2) は「組織」としての銀行,(3) は「建物」としての銀行をそれぞれ指します。私たちが「銀行」とは何かを知っているということは,そこに制度があり,建物があり,働く人がいるということを知っていることを意味します。そして,この単語が出てきた瞬間にそれらの知識が活性化されることになります。そして,このような知識があるからこそ,私たちは,不自由なく文章を理解できるのです。[2] もう一つだけ例を見ておきましょう。

(4) あの寿司屋は頑固だけど,とてもおいしいよ。
(5) あの寿司屋はうまいけどべらぼうに高い。ついでにいつも騒がしい。

「銀行」同様,「寿司屋」を理解するということは,「寿司を握る人」「提供している寿司」「客が払う金」「寿司を提供する場所(店)」の存在を理解できていることを意味します。(4) においては,寿司を握る人から寿司の味へ,また,(5) では,味,値段,店内へと指し示す側面が変化しますが,特別に意識することなく瞬時に理解ができるのは,単語に関する知識のおかげです。4.2

---

[2] ここの議論は,国広 (1997: 57-60) を参考にしています。さらに,Pustejovsky (1991) は qualia structure という用語を用いて,この問題に取り組んでいます。

節において,羽生善治九段は将棋における直感がカメラのオートフォーカスに似ていると述べていることを紹介しましたが,ことばにもオートフォーカス機能があり,単語に関連するさまざまな側面の中から適切な場所にピントを合わせているのです。

5.3. 11年間同じクラスだった子

　私たちがある単語を想起するということは,同時にそれに関連する多くの知識を想起することであることを述べてきました。「どんぶらこ」と言えば,川と桃(そして,時々おばあさん),「運動会」と言えば,そう,みなさんの知っているあの曲です。[3] よく外国人に「いただきます」の意味を聞かれると,作ってくれた人,食材を調達してくれたあらゆる人,そして,食材そのものへの感謝の気持ちが込められていると説明します。また,しばしば病院で受け入れられる患者の人数に限界があることを,There are not enough beds.(ベッド不足)という言い方で表現しますが,この場合の beds は単純に,ベッドの数だけでなく,必要な器具,スタッフ数など周辺的な要素も含めた意味です。[4] このように,単語の背後に多くの意味がいつでも登場できるようにスタンバイしているわけです。

　さらに,単語の理解に必須な極めて基本的な情報から,単語に関連する知識の連鎖はどこまでも数珠状につながっていきます。

---

[3] 定番は,「天国と地獄」(作曲:Jacques Offenbach),「クシコスポスト」(作曲:Hermann Necke),「ウィリアムテル序曲」(作曲:Gioachino Antonio Rossini),「トランペット吹きの休日」(作曲:Leroy Anderson) などです。

[4] Littlemore (2015: 85) の指摘を参考にしています。

第5章　知識，記憶，連想：点を支える裏方　　51

身近な例として「蛍の光」「さくら」という単語から瞬時に連想できそうなものを思いつくままざっと挙げてみましょう。[5]

　　蛍の光：3月，卒業式，下校を促す曲，クラブ活動，一緒に遊んだ友達，（図書館や施設の）閉館の合図，勉強した机や椅子，スコットランド，紅白歌合戦，年末，みかん，こたつ，…

　　さくら：4月，春，入学（式），お花見（場所取り，上野公園），お酒，（春の）まつり，馬肉，東山の金さん，とらさん，百円硬貨，旧日本軍，ワシントンDC（ポトマック河畔），東京五輪招致エンブレム，近所にある（さくらの名前の入った）施設（の名称），森山直太郎，…

もちろん程度の差はありますが，一つの単語を想起するということは，同時に単語の裏で控えている関連知識も活性化されることを意味します。

　ことばの背景には膨大な知識が控えているということは，二つの単語を結びつけてみると，より一層はっきりしてきます。たとえば，「テレビ」「トイレ」という2語だったらどうでしょうか。瞬時にこの2語を関連づける即席のストーリー（作話）が思いついたのではないでしょうか。[6]

---

　[5] 佐藤（1992b: 254）の議論を参考にしています。
　[6] Kahneman（2011: 50）の議論を参考にしています。Langacker（2009: 54）は，たとえば，elephant table, chimney squirrel, airplane diaper のような新語を作ると，私たちは対象に関する一般的な知識を生かして，それなりに辻褄の合うような単語の意味を作り出すことを指摘しています。

Kahneman (2011) は，このような連想のメカニズムについて，以下のように説明しています。

> あなたが二つの言葉を見た結果として起きた一連のことは，連想活性化と呼ばれるプロセスの産物である。最初に思い浮かんだことがまた別のことを呼び起こし，頭の中に次から次へと活動がつながっていく。こうした複雑な一まとまりの現象の基本的な特徴は，一貫性が保たれていることである。一つが他と関連づけられ，支え合い，強め合っている。言葉は記憶を呼び覚まし，記憶は感情をかき立て，感情は顔の表情や他の反応（緊張や回避行動など）を促す。… これらはごく短時間で，しかも同時に起き，認知的・感情的・肉体的反応の自己増殖パターンを生み出す。このパターンは多様であるが統一されており，このことを連想一貫性があるという。[7]
>
> 心理学者は，観念を広大なネットワークに浮かぶノード（節点）と捉えている。このネットワークは連想記憶と呼ばれ，その中に収められた観念は他の多くの観念とリンクしている。リンクにはさまざまなタイプがある。原因と結果（ウィルスと風邪），ものと属性（ライムとグリーン），ものとカテゴリー（バナナと果物）等だ。… 活性化された一つの観念は，別の観念を一つだけ呼び覚ますのではなく，多くの観念を活性化し，それがまた別の観念を活性化する。しかも意識に記録されるのは，そのうちごくわずか

---

[7] Kahneman (2011: 76)，『ファースト＆スロー』〔上〕(2014: 95) を参照。

でしかない。連想思考の大半は密かに進行し，意識的な自己からは隠されている。思考のすべてにアクセスできるわけではないという認識は，自分の経験と相容れないためなかなか受け入れがたい。だが，それが真実なのだ。[8]

そして，私たちが持っている知識は，因果関係の理解にも役立っています。Hassin et al. (2002) は「一日中ニューヨークの混雑した通りを散策し，名所見物を堪能したジェーンは，夜になって財布がなくなっていることに気づいた。」といった話を被験者に聞かせて，単語記憶保持テストを行うと，被験者は「名所」よりも（文中のどこにも言及されていないにもかかわらず）「スリ」という言葉を覚えているという結果を報告しています。Kahneman (2011: 75) は Hassin et al. (2002) の実験結果に関して「財布がなくなる原因は，ポケットから抜け落ちた，レストランに置き忘れたなどいろいろ考えられるが，「財布がない」「ニューヨーク」「混雑」という要素が加わると，「スリが財布を盗んだ」という説明が浮かんでくる。」と説明しています。これは記憶の連想から最もありそうな因果関係を選び出したことによるものと思われます。

別の例を考えてみましょう。たとえば，日本で乾燥した冬の寒い時期に，毎日混んだ電車で通学している高校生が学校を欠席したという話を誰かから聞いたとします。そういえば，高校生は昨日もマスクをしていました。おそらく，この話を聞いた多くの人は，風邪やインフルエンザによる体調不良による病欠を想像する

---

[8] Kahneman (2011: 77-78)，『ファースト＆スロー』〔上〕(2014: 97) を参照。

ことでしょう。休んだ人はもしかすると、寒い日本の冬が嫌になって、ずる休みをしてハワイで休暇を過ごしているかもしれません。しかし、「冬」「乾燥」「学校」「混んだ電車」「マスク」などとイメージするだけで、私たちの頭の中では、風邪で欠席という最もありそうな因果関係が想起されることになります。

　このような因果性の推論は、映画では頻繁に活用されています。たとえば、二人の侍が無言でお互い向かい合ったまま刀に手をかけているシーンを想像してみましょう。そして、次のシーンでは片方の侍がバタッと倒れている映像が出てきたとしましょう。私たちは通常何の説明がなくとも、倒れた侍がもう一方の侍に斬られたことが分かります。これは、私たちが「決闘でどちらか一人が斬られる」という最もありそうなシナリオを選択して補完しているからに他なりません。葬儀のシーンが出てくれば、それだけで登場人物が亡くなったことが分かり、ロマンスでは、部屋の灯りが消えれば、それ以上、映像もナレーションも必要はありません。このように、私たちの知識は、今までの経験を生かして最も可能性の高いシナリオを探し出し、それによって隠れた途中の道筋を埋めてくれます。

　さらに、連想のリンクは近々の知識や記憶のみならず、予測もつかないところに結びつくこともあります。以前、私の子どもが毎年小学校でクラス替えがあるという話をしていた時、同席していた私の姉が「そういえば、昔、幼稚園から中3まで11年間同じクラスだった子がいたわ。」と突然話し始めました。「小学校」「クラス替え」と聞き、ふとそのことを思い出したようです。その話は、今まで誰にも話したことはなく、40年近く姉の記憶の奥底にしまい込まれていたものです。長い間、引き出しの奥にし

まい込まれた思い出を引っ張り出すには，大分遠い路を辿っていかなければならないはずです。しかし，私たちには，膨大な知識，経験，記憶のリンクがあって，ふとした拍子に瞬時にこれをやってのけます。いつ，どのような形で何が活性化するかは予測不可能です。

5.4. 点と点をつなぐ

　予測のつかない記憶のリンクは，時を経て，自分も予期しなかったような形で無関係な出来事を結びつけ，時に新しいものを創造する力に結びついていくこともあります。2005年にSteve Jobsがスタンフォード大学の卒業式で行ったスピーチの中で，点と点をつなぐこと（connecting dots）の重要性を語っています。[9] 大学を中退してしまったJobsは，すぐに大学を去らず，こっそり自分が興味のあったカリグラフィー（筆法）の授業を受けていました。その時は将来何かに役立てようというような目的意識を持って受講していたわけではなく，ただ興味があったから学んでいただけなのですが，それから10年後，初めて自分でコンピュータを作ろうとした時，そのカリグラフィーの授業のことをふと思い出し，そこで学んだことをすべてコンピュータに盛り込んだそうです。Jobsはスピーチの中で，もし自分があそこで大学を中退して，カリグラフィーのクラスに偶然潜り込んでいなければ，今あるようなさまざまな書体は存在しなかったと述べ，何と何が結びつくのかは先に見通すことはできないけれど，あと

---

[9] YouTubeで視聴可能。

になるとそれがとても重要であることがはっきり分かるので，自分が打ち込めることがあったらそれを信じて，とことんやるべきであるといった趣旨のことを論じています。全く無関係と思われる考えや道具を結びつけ，新たな創造の可能性につなげていくことは，既存の枠組みを乗り越えていくためには必要不可欠な要素でありますが，このように，時間を越えた二つの出来事の出会いを演出しているのはこの膨大な知識のリンクであることは言うまでもありません。

5.5. 文脈の補完

　点と点をつなぐ話をもう一歩前に進めると，当然文化の問題とも関わってきます。1970年代には（コーヒーを注文する際に用いる）「私，コーヒー。」といったいわゆる「ウナギ文」と呼ばれる日本語の現象がしばしば取り上げられ，日本語の「A は B だ。」という形式が，西洋的なコピュラ文（A is B.）とは異なる論理構造を有することが指摘されました。中でも，英語では，飲み物や食べ物を注文する際，I will have a hamburger. のように論理関係を明確にするのに対して，日本語の場合は「私はハンバーガーだ。」のように「A は B だ。」という形式を用いて表現することから，日本語はしばしば論理性に欠けるという議論が展開されました。[10]

　しかしながら，「A は B だ。」のような形式で二つの物事の近接関係を示し，あとは文脈で関係性を判断するというスタイルは

---

[10] 池上（2007: 35-42）で詳しく論じられています。

第5章　知識，記憶，連想：点を支える裏方　　57

日本語に特有のものではありません。たとえば，久野・高見 (2004: 141-144) では，レストランで注文したものをお店の従業員が運んできて，どれが誰の注文した料理であるかを自己申告する際，I'm the hamburger. という表現が可能であることを指摘しています。[11]

外山 (1987) は，線的論理，点的論理という考え方を用いて，この問題に切り込んでいます。外山 (1987) の点的論理の論点をまとめると以下のようになります。

(6) 通常，物事には筋道（論理）というものがある。
(7) 受け手が近しい関係（たとえば，家族）の場合はすべて述べる必要はない。つまり，親しい間柄では意思伝達が点化する。
(8) これを線で補って結びつけることはできるが，いちいち分かっていることをあえて明示するのは野暮である。
(9) 日本では，島国であることから，他の民族に比べ，点的性格が発達しやすかった。

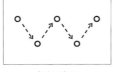
点的論理

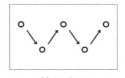
線的論理

---

[11] 同様に，Langacker (2008: 69) では，I'm the tiramisu. と言えることが指摘されています。池上 (2007: 35-36) には，世界的に有名なイギリス人言語学者がこの種の文を食事の席で発話したのを池上先生が直接お聞きになられたエピソードが掲載されています。

日本語のように複数の項目が近接関係にあることだけを示し，あとは文脈でその関係を判断するという形式は，多くの物事を線的に明示することが慣習となっている文脈依存度の低い言語（たとえば英語）を母語として持つ話者にとっては，背後にある論理を知らない限り，非常に分かりにくいものになります。しかし，一見筋道を言語化することが当然のように思える英語でも，必ずしも論理をすべて明示しているわけではありません。たとえば，親しい友人同士，家庭における家族間の会話は省略も多く，まさしく点的であり，外部の人には何を話しているのか分からないこともよくあります。欧米においても了解事項をあえて明示するのが野暮であり，改めて言語化する必要はないという点では日本語と変わりありません。それをどこまで許すかは程度問題です。[12]

　第4章で述べたように，将棋の羽生善治九段は，自分の将棋の指し方の変遷を振り返り，直感になるような蓄積が全くないが故にロジック中心であった10代を経て，10年，15年と経験を積むうちに徐々に直感を頼りに「だいたいここかな」という感じを掴めるようになったと述べています。[13] ことばと将棋を単純に同レベルで論じることが妥当かどうかは分かりませんが，手順が分からない時は，まず法則を見い出すためにロジックに頼るのはことばも同じです。これは，日本語を学ぶ外国人に限らず，私たちが外国語に接する時は誰でも経験することです。しかし，こと

---

[12] 外山（1992）は，イギリスは形式的には英語という比較的線的に表現する傾向の強い言語を用いつつも，その地理的な要因から他の国に比べ，独自の論理展開をすることを指摘し，単純に言語の形式だけでなく，「アイランド・フォーム」と呼ぶ地理的要因が関係していることを論じています。

[13] PHP THE 21 2013年1月号インタビュー。

ばは，ロジックにしたがっていれば何でも使えるかと言えばそういうわけではありません。文法的には問題ないけれど実際には使われない表現，または，場面によってはふさわしくない表現というのはいくらでも存在します。これは，外国語をマスターする時の大きな壁になりますが，ある程度経験を積んでいくと，どの表現が適切か，すべての選択肢を考えるまでもなく「だいたいこのあたり」という絞り込みが可能になってくると思います。点を線にする捉え方はまさしくこのような経験の集積から生まれるものなのです。

5.6. まとめ

　私たちのことばの多くは，当該の言語表現のみならずその背後にある膨大な知識によって支えられています。知識の中には，ある程度連想しやすいパターンが存在し，因果関係の推論にも重要な役割を果たしますが，その一方で，全く無関係なものが結びついて新たな創造につながることもあります。さらに，私たちのコミュニケーションも，こうした背後の知識により支えられており，このことが各言語による構造，論理展開などの仕方の補完の問題とも深く関係しています。

第 6 章

ずらす（1）：ことばのオートフォーカス

「今日の会議は，トップレスでお願いします！」

6.1. ずらして調節

　第 5 章の百科事典的知識の説明の際，「あの銀行は今年で創業 100 年になる。」の銀行は「組織」，「あの銀行はとても親切だ。」の銀行は「人」，「昨日あの銀行に強盗が押し入った。」の「銀行」は「建物」といったように，同じ「銀行」という単語が関係するさまざまな意味に微妙に変化することを見ました。私たちには，銀行には建物があり，行員がいて，制度があるといった一般的な知識があるので，指示対象が微妙にずれているにもかかわらず，その時々微調整を試みて，文脈の中で適切な意味にピント合わせをすることができます。このような例は日常の中に溢れています。たとえば「洗濯機をまわす」の「洗濯機」が指しているのは，厳密に言えば，回転する「ドラム」の部分です。「冷蔵庫を開ける」の「冷蔵庫」は「ドア」，「電話をとる」の「電話」は「受話器」，「黒板を消す」の「黒板」は「黒板に書かれた文字」を指します。また，「お茶にしよう。」という時の「お茶」はもちろん飲

み物としてのお茶そのものも含みますが,「お茶,コーヒー,紅茶などを飲むことを含む仕事の合間の小休止」を指し,映画のキャッチコピー「全米が泣いた。」の「全米」は「全米の人」を指します。[1] 最近,「インスタグラム」に写真を掲載することが流行っていますが,「この料理はインスタ映えする。」という表現の中ので用いられている「インスタ映え」の「インスタ」は,(もともと,「写真映え」ということばがあることから想像できるように)「インスタグラムにアップする写真」のことを指します。このように,実際の指示対象を近接する別のもので表す現象を換喩(メトニミー)と呼びます。「手洗い」「化粧室」で「トイレ」を指すような婉曲表現,「赤シャツ」で「赤いシャツを着た男(夏目漱石『坊ちゃん』の登場人物)」を指すようなニックネームなど,日常さまざまな場面において,実際の言語表現と指示対象のずれが生じます。

　「電話がなる」「電話をとる」「電話に出る」という表現の「電話」が指すのは厳密に言えば,「ベル」「受話器」「相手との通話」ですが,解釈する際,指示対象がずれているという実感は特にありません。私たちは,銀行の場合と同じように,「電話」と聞いただけで反射的に関連する知識を想起し,即座に文脈に結びつけることができるからです。同様に「自転車に乗る」「自転車をこぐ」「自転車を直す」の「自転車」も厳密に言えば,それぞれ異なる部分を指しますが,ずれが起きているという感覚は持たずに用いています。

　メトニミーを用いて,微調整をしながら言語を運用することに

---

[1] 「お茶」「黒板」の例は,国広(1997: 220-221)を参照。

は大きなメリットがあります。先ほどの「電話」に関する表現をもう少し厳密に言ってみましょう。「電話がなる」を厳密に言えば、「電話のベルがなる」、また、「電話をとる」をきちっと言えば、「電話の受話器をとる」、「電話に出る」は「通話する相手との会話に出る」ですが、これだけを見ても多少「くどい」感じがしてきたと思います。さらに、自転車の場合を見てみましょう。「自転車をこぐ」をもう少し厳密に言うと、「自転車のペダルをこぐ」ということになると思いますが、「自転車に乗る」はどうでしょうか。話を詰めていけば、サドルが支えてくれているのでサドルに乗るとも言えそうですが、ペダルにも体重はかかっていますし、厳密に言えばもちろんハンドル操作のためにハンドルにも関係します。「自転車を直す」の場合はさらに厄介です。チェーンぐらいなら名称も定かですが、修理箇所の名前が分からないいくつものパーツをいじって、どこを直しているのか明確に言えない場合もあるでしょう。本節冒頭で見た通り、洗濯機でまわっているのは「洗濯機のドラム」ですから、たとえば、「洗濯機をまわしておいてくれ。」と誰かにお願いする際、もしメトニミーがなければ、「洗濯機のドラムをまわしておいてくれ。」と言わなければなりません。しかし、私の感覚からすると、明らかにこの表現は奇異に聞こえます。言語表現は厳密さを追求すればいくらでも細かくしていくことは可能ですが、それではことばは有用な道具とはなり得ません。どこかで細かくなり過ぎるのを止めておく必要があります。メトニミーはこの役割を果たしています。つまり、私たちは、メトニミーのおかげで、ある程度明確なところで言語表現をとどめ、あとはことばのオートフォーカス機能に委ねることが可能になり、よって、ことばを煩雑にせずに済んでいる

のです。[2]

　上で見てきたように,ことばのオートフォーカスにより,実際の指示対象が柔軟に変化することから,場合によっては何を指示しているのか明確でない場合も出てきます。[3] たとえば,家族で旅行に行ったことを振り返りながら「秋田,よかったよね」と言ったとしましょう。この「秋田」は,「秋田でめぐった名所」「秋田での出来事」「秋田で出会った人」「秋田での家族との会話」「秋田の食べ物や温泉」などどれを指しているのか,それともそれらすべてを含めて指しているのかよく分かりません。中高生の会話にしばしば登場する「やばい」にも同じようなことが言えます。「あいつはやばい。」「今日はやばかった。」「(特に指示対象を示さず) やべぇ。」のように用いられます。この場合も「よかったよね」同様,当該の対象のどういう部分が「やばい」のかは不明です (そもそも「やばい」の意味が不明という問題はありますが)。発話している側はおそらく,何か一つの事柄を指示していることもあるでしょうが,瞬時に別のものに入れ替わったり,いくつも指示対象が折り重なっていたり,場合によっては,自分の内面からじわっと出てくる感覚で,自分でも何を指しているのか十分認識できてないこともあるでしょう。もちろん,何か一つの対象に「よさ」「やばさ」を貼りつけてしてしまうことも可能ですが,メトニミーは,このような流動性 (柔軟性) を特徴として持っており,だいたいのところで表現を止めておくことにより,指示対象周辺をゆるやかに包んでいるからこそ,有用なコミュニケーショ

---

[2] 瀬戸 (1997a: 3章) で詳しく論じられています。
[3] 佐藤 (1992a: 3章, 1996: 10章) で詳しく論じられています。

ンの道具として用いることが可能なのです。そして，指示対象へのピント調節は，私たちが背後に持つ膨大な知識に基づいて，特別意識することなく瞬時に行われているのです。

6.2. さまざまなずらし

6.1 節でずれの現象を概観しました。6.1 節で考察してきたもの以外にずらす現象にはどのようなものがあるのでしょうか。本節では，もう少し詳しく見ていくことにします。最初に，身体の一部で人を表す例，次に人物の特徴や所持品を用いて人を表す例を見ていきましょう。[4]

(1) She's just a pretty face.
 （彼女は顔が可愛いだけだ）
(2) We have many mouths to feed.
 （私たちには養わなければならない人がたくさんいる）
(3) The hired hands are here.
 （雇った人たちはここにいます）
(4) I couldn't bear the way men regarded me as just a pair of legs.
 （男性が私のことを性の対象としか見ていないのが耐えられなかった）[5]

---

[4] (2) から (4) は，Littlemore (2015: 7, 23, 24)。
[5] leg は，俗語で「性の対象としての女性」「性的にルーズな女性」という意味があります。

(1) の face, (2) の mouths, (3) の hands, (4) の (a pair of) legs は，身体の一部を用いてその持ち主を表しています。他にも，muscle, head, body, blood など，各場面の中で最も顕著な部分を用いてその持ち主を表すさまざまな例が見られます。身体部位同様，人物と近接関係にあることから，身体的特徴を用いて，その持ち主を表す例もあります。たとえば，a longhair（長髪の持ち主［ロン毛］），a blonde（ブロンドの髪をした人）など髪の特徴で人を表したり，a soprano（ソプラノ歌手）のように，声の特徴で声の持ち主を指すことがあります（「ブロンド」に関しては6.3節にて詳しく見ることにします）。[6]

次に，人物の特徴を示すような衣類，所持品でその持ち主を表す例を見ておきましょう。「赤ずきん」「赤シャツ」「メガネ」などはここに入ります。[7]

(5) Andy was delighted that so many anoraks had come out to see the ship.
（アンディは，船を見にオタクがたくさん来てくれて嬉しかった）

anorak（フードつきのウィンドブレーカー）は，衣服の一種ですが，イギリス英語ではしばしばこれを着ている人との近接関係から「オタク（人）」を指します。さらに，所持品の例を見てみましょう。The first violin was late for the concert.（第一バイオリン奏者がコンサートに遅刻した）の the first violin（第一バイオリン奏者），

---

[6] white（白人），black（黒人）のような肌の色で人を表すのも広い意味でのずらしと言えます。
[7] Littlemore (2015: 44)。

They hired the gun.（彼らは殺し屋を雇った）の the gun（殺し屋）のように，特徴を表す所持品で人を指す例もあります。

　ここまでは，人物の特徴や持ち物で人物を表す例を見てきました。次に，「容器と中身」の近接関係を見ておきましょう。たとえば，「なべが煮える」の「なべ」は「容器」そのものではなく「中身」を指し，(6) のように「一杯飲む」の「一杯」は容器である「杯」で「杯の中身」を指します。[8]

(6) I'll have a glass to celebrate.
　　（お祝いに一杯やろう）

　広い意味では，会場，組織，国といったものも容器の一種と見なされることがあります。6.1 節でも挙げた「全米が泣いた。」という表現は，「全米」という入れ物で，その中にいる人を指しています。このように，少し誇張して全体性を強調したい時に「場所」（容器）で「中にいる人」（中身）を表すことがあります。[9]

(7) The whole town is on the verge of starvation.
　　（町全体が飢餓状態スレスレだ）
(8) The entire nation got excited at the victory.
　　（国中が勝利に湧いた）

同様に，「先生の一声で教室が静まりかえった。」の「教室」は「教室にいる生徒」を指し，「あの事件の行方を日本中が固唾を呑んで見守った。」の「日本中」は「日本中にいる国民」を指します。

---

[8] Littlemore (2015: 26)。
[9] (7) (8) は，Littlemore (2015: 33)。

第 5 章で「あの銀行は親切だ。」という文の「銀行」は,「行員」を表すことはすでに見た通りですが,「あの銀行は, 昨日, 不祥事の謝罪した。」のような場合は, 同じ「銀行」でも「銀行の代表者」を指します。このように, 組織とその中の代表者という関係も容器と中身の関係の一つとして挙げることができます。以下の(9) は大学で大学当局の責任者,(10) はウォールマートという社名で, その責任者を指します。[10]

(9) The university will change its mind next week.
(大学［当局］は来週方針を変更するであろう)

(10) Walmart admits defeat in UK.
(ウォールマート［の責任者］は, イギリスでの敗北を認めている)

さらに,(11) のように, 場所で政府や特定の産業界を表すのも典型的なずらしの一つです。

(11) White House isn't saying anything.
(ホワイトハウス［アメリカ政府］は今の所何も言っていない)

同様に, Wall Street で「金融業界」, Washington で「アメリカ政府」, Hollywood で「映画産業」, Moscow で「ロシア政府」などを指す例は新聞でも毎日見かける表現です。

空間上の近接関係以外に, 意味の中でのずれも存在します。とりわけ, 一般的な意味で用いられていたものが特殊な意味で用いられるようになった特殊化の例は数多く存在します。たとえば,

---

[10] (9) は, Littlemore (2015: 22)。

the pill は，もともと錠剤全般を指す語でしたが，意味が特殊化して，避妊薬を指すようになりました。また，昭和の男が道楽の限りを尽くすことを「飲む，打つ，買う」と言いますが，「飲む」はお酒，「打つ」はバクチ，「買う」は女性と動作の対象は，特定のものを指しています。英語でもしばしば drink が単独で用いられた場合，対象はアルコールを意味しますが，これも同じく意味が特殊化した例です。[11]

6.3. 身体的特徴とその持ち主

6.2節で触れたように，日本語の「長髪（の人）[ロン毛]」は英語では a longhair,「ソプラノ（という声の質を持った）歌手」は a soprano,「ブロンドの髪の毛を持った人」は a blonde にそれぞれ相当します。

気をつけなければならないのは，a blonde, a longhair のように身体的特徴でその持ち主を表す場合，単純に髪の色や長さのみがクローズアップされているわけではないということです。Wierzbicka (1988: 468-469) は，blonde という単語は，単純に身体的な特徴を述べているだけでなく，ブロンドの女性から想起されるさまざまな社会的なイメージを含んでいることを指摘しています。つまり，a blonde は，単に「ブロンドの髪の人」という意味だけではなく，（たとえば，派手好き，華やか，出費が多そうといった）ブロンドの髪をした女性の持つ特有の社会的イメー

---

[11] 佐藤（1992a: 3-4章），瀬戸（1997a: 2章）では，意味の特殊化，一般化は，提喩（シネクドキー）として扱い，メトニミーとは区別しています。

ジ（ステレオタイプ）を伴っているわけです（それに対して、そのようなイメージのないブロンド男性の場合、a blond とスペルで区別します）。

　同じようなことは a longhair にも当てはまります。通常 a longhair という表現を用いて、髪の毛の長い女性を指すことはありません。a blonde 同様、a longhair も単純に身体的特徴だけを述べているわけではなく、そこから想起される特有の社会的イメージが含意されていると考えられます。[12]

　さらに、6.2 節で挙げた the gun（殺し屋）にも同じことが言えます。the gun で人を指す場合、銃を持っていれば誰でもこのように呼べるわけではなく、狩猟隊、殺し屋、ギャング、用心棒のように、あくまで銃を用いて生計を立てていることを含意しています。

　身体的な特徴、所持品以外の例では、a celebrity（有名人）があります。[13] この celebrity という名詞は、もともと「名声」という意味です。これに冠詞の a を与え「名声」を個体化することで「名声という特徴を持った人、つまり、有名人」という意味にこずれさせたわけです。この場合も a blonde 同様、有名なら誰でもそう呼べるわけではなく、この単語によって想起される（たとえば、芸能界やスポーツ界といった華やかな場にいる人という）イメージが当てはまる場合に用いられるものと思われます。

　このような例から、ずらして表現することには、単純に特徴を取り立てるということ以上の意味があることが分かります。

---

[12] 英語では、典型的には、ヒッピー（男性）、知識人、インテリ、芸術愛好家など世の中の流れにはあまり関心のなさそうなイメージのある人を指します。
[13] 他に、抽象的な名詞で人を表す例には、a beauty（美人）、a power（権力者）、a youth（若者）などがあります。

6.4. 形容詞と名詞

　形容詞と名詞の複合語の意味を理解する際，知識に照らし合わせ，ずれをオートフォーカス機能で調整し，補完する能力がしばしば重要になってきます。たとえば，sick house という複合語は，家そのものが sick（具合が悪い）というわけではなく，そこに住む人が具合が悪くなる家を指します。同様に，healthy exercise は，運動そのものが「健康」（healthy）なのではなく，やってみると結果的に行った人が健康になる運動のことです。pregnant tray は，もちろん，食べ物を乗せるトレーそのものが妊娠しているわけではなく，妊娠した女性が栄養を十分にとれるよう食べ物を（少し多めに）盛ったトレーのことです。[14] 言うまでもなく，sick, healthy, pregnant について「具合が悪い」，「健康的な」，「妊娠している」といったような人間の特徴を表す形容詞であると理解しているだけでは，後続する名詞とつなぎ合わせても全体の意味を掴むことはできません。[15]

　複合語の全体の意味を理解するのに背後にある百科事典的知識が重要となる例をもう一つ見ておきましょう。[16]

---

[14] pregnant tray は坪井栄治郎氏に伺った例。

[15] Lee (2001: 74) では，dolphin safe (tuna), top-rack dishwasher safe (item) という例が挙げられています。前者は，「イルカが傷つくような網を使わずに獲った（マグロ）」という意味です。この意味を理解するには，マグロ漁で用いる網がイルカを傷つけてしまうことがあるという知識が必要になります。後者は，「食洗機の上段なら置いても問題ない（商品）」という意味です。この意味を理解するには，食洗機の下段は熱で食器にダメージを与えやすいので，比較的熱に弱い食器は上段に置くという知識を必要とします。

[16] Lakoff (1977: 241)。

(12) a. topless dress（胸元があらわになった服）
  b. topless waitress（a を着た従業員）
  c. topless bar（b がいる店）
  d. topless district（c がたくさんある地域）
  e. topless judge（d で発生する訴訟の裁判をする裁判官）[17]

topless の意味は，下に行くにしたがって関係が複雑になっていきます。繰り返しになりますが，この場合も五つの表現を理解するためには，「特殊な服があり，その服を着た従業員がいて，働くお店があって，お店が並ぶ地域があって，お店のある地域でいろいろ問題が発生する」という知識が必要になります。(12a) がなければ (12b) は存在しません。同様に (12b) がなければ (12c) は存在しません。「服」「従業員」「店」「地域」「地域で発生する問題，訴訟」などは，どれ一つが欠けても成立しない topless に関する知識の集合と呼べるようなものです。

さらに新しいところでは，2008 年の Oxford University Press の word of the year の最終選考まで残ったフレーズ topless meeting という表現も存在します。この場合の topless の top は，laptop を指し，topless meeting は，「(集中力をアップさせ，議論を活性化するために) 会議に参加する人がラップトップ，スマートフォン類の使用を禁じられた会議」のことを意味します。この章の冒頭に「今日の会議は，トップレスでお願いします！」

---

[17] もちろん，特殊な文脈を想定すれば，胸を出している裁判官という解釈も成り立ちます。

という文を載せしましたが，これは，会議にパソコンやスマホなどのガジェットを持ち込むなという意味です。

6.5. fast

ここでは，上記の議論を踏まえ，fast と後続する名詞にはどのような関係があるのか，田中（1996: 80-81）のデータを用いて詳しく見ておきたいと思います。fast という形容詞は，「安定して速い」ということが原義です。ただし，何が速いのかは後続する名詞との関係によって，時に理解に至るまでにいくつかの前提知識を必要とするものがあります。

(13) 何らかの動く対象（動作主）があり，その動作（または動作によって移動したもの）が速い
fast pitcher（速球投手）投げる球の速度
fast reader（読書の速い人）読む速度
fast speaker（早口の人）喋る速度
fast talker（口先のうまい人，ペテン師）喋る速度
fast worker（仕事の早い人，抜け目のない人，女性を口説くのがうまい人）仕事，行動の速度
fast train（急行列車）電車の速度

(14) 動作主は明示されていないが動く対象があり，その動作が速い
fast break（速攻）選手の攻めの速度
fast trip（短期間の旅行）旅行者が旅行先を移動する速度

(15) 商品の流通の速度が速い
　　　fast food（ファースト・フード）客に商品を提供するまでの速度
　　　fast fashion（ファスト・ファッション）商品のサイクルの速度

(16) 対象の上を走る車の速度が速い
　　　fast highway（高速道路）走る車の速度
　　　fast lane（追い越し車線）走る車の速度
　　　　前提：①高速道路は車が走る。②高速道路では，遅い車と速い車がある。③速度の速い車が遅い車を追い抜いていくための追い越し車線がある。

(17) 撮影処理の速度が速い
　　　fast film（高感度フィルム）撮影処理の速度
　　　fast lens（高速撮影レンズ）撮影処理の速度
　　　　前提：①カメラには，シャッタースピードが速いものと遅いものがある。②カメラを使用する際には，レンズやフィルムが必要になる。

(18) その他
　　　fast woman（身持ちの悪い女）親密な仲になるまでの速度
　　　　前提：通常，男女が親密な関係になるまでにはある一定の時間がかかる。

　　　fast buck（あぶく銭）お金が手に入るまでの速度
　　　　前提：お金は，労働の対価として手に入れられるもので，手にするまでにある一定の時間がかかる。

fast life（放埓な生活）生活の変化の速度（速い速度で，
　　　次々と享楽的なことをする。その結果，だらしのな
　　　い，自由気ままな生活を送ることになる。）

言うまでもなく，これらの例が即座に理解できるのは，ことばの背後にある膨大な知識に支えられて，オートフォーカス機能が作動しているからです。[18]

6.6. wet

　もう一つ具体例を見ておきましょう。[19]「濡れている」「湿った」を表す wet も複雑な構造をしています。wet は, Wet Paint（ペンキ塗りたて［掲示］）のように「水気のある」「湿った」が元の意味ですが，そこから wet fish（濡れている魚→新鮮な魚）のように，近接関係に基づいて「濡れている」から「新鮮な」へのずれを起こします。「濡れている」「水分を含む」という意味では，wet thumb（魚類飼育の才能）は，形容詞も名詞も両方がずれを起こしている例です。ここでの wet は「濡れているもの」から「魚類（飼育）」に意味がシフトし，thumb は「親指」から「才能」の意味にずれを起こしています。[20]「水気のある」から意味を特化させて「アルコールのある」「アルコール合法の」という意味も出て

---

[18] 決まり文句のような場合は，オートフォーカス機能を作動させるまでもなく，固定しているので，すべてに同じように作動しているという言い方は厳密には正しくありません。

[19] 田中（1996: 238-242），瀬戸他（編）（2007: 1060-1061）を参照。

[20] 正確に言えば，この例は，シネクドキーに分類されます。ちなみに，田中（1996）では，green thumb（「園芸の才能」）も挙げられています。

きます。たとえば，wet town は，「アルコール合法の町」，逆に dry town は，「アルコール非合法の町」です。Let us have a wet night. と言えば，「今夜は飲もう。」という意味になります。この場合の wet night は，「お酒のある夜」という意味です。また，そのお酒の席でかわされた契約は，wet bargain と言います。時間を含むずれについては第7章にて詳述しますが，ここで1例だけ先取りしてしまうと，「泣く→濡れる」という意味のシフトから，a wet person（弱虫）のように wet に「泣き虫の」「弱虫の」という意味が出てきます。さらには，それを名詞化して，a wet だけで弱い性格の持ち主（弱虫）という意味も出てきます。人を形容する wet でも，アメリカに入ってくる不法移民のことを指す場合は，wetback（文字通りに訳せば，濡れた背中）のように，背中とセットで現れます。これはメキシコ国境を渡ってくる時，川を越えることが多いため，背中が濡れることを意味します。部分（濡れた背中）で全体（その持ち主）を指す例です。

6.7. 動詞＋able

個々の部分の総和が全体の意味にならない例をいくつか見てきましたが，形容詞と名詞の組み合わせ以外にも同様の現象は見られます。Lee (2001: 54-55) は，able のつく形容詞を取り上げ，動詞＋able の意味が個別の部分の総和にならないことがあることを指摘しています。元来，文字通りに理解すれば，able がつく形容詞は，たとえば，washable（洗濯可能），unforgettable（忘れられない）のように先行する動詞が「可能」であるかどうかを表す形容詞です。しかし，動詞＋able は，たとえば，readable（読

みやすい，読んで面白い）や comparable（似ている），payable（支払い期限の）といった例が示すように，「～が可能な」という意味にとどまらない例が多く存在します。

Lee（2001）が指摘するように，readable は，単純に読むことが可能か否かという情報よりも，読むことができることを前提とした上で，どのような様態で読むことが可能なのかに意味がずれたものと推測できます（自分の持っている本を目の前にして，その本が読めるか読めないかを話題にするような状況は稀で，むしろ，楽しく読めるとか，さらっと読めるといったように，読む際の様態に関心が集まるのはごく自然な流れであると思われます）。[21]

次に comparable のずれについて考えてみましょう。たとえば，二つの対象があり，両者が比較可能であったとしても，全く何の共通点も持たない異なる対象同士であれば，それらを比べることにあまり意味はありません。つまり，比較可能な対象であれば，必ず共通点も存在することになります。[22] comparable が「似てい

---

[21] This book sells very well. のようないわゆる中間構文において，必ず様態を必要する（*This book sells. だけでは非文）のも同様の理由によると考えられます。瀬戸（1997b: 172）は，このずれの現象をシネクドキーの一部と指摘しています。10.2 節も参照。

[22] たとえば，「チューリップ」と「バラ」のどちらが好きかというという問いに対しては，花という共通項があるため色，形，匂いなど比較すべき側面が明確になり，比較しやすいと思いますが，もし仮に「チューリップ」と「ブタ」であったら，何の共通点も見い出せないため，どこをどう比較したらよいのか困ってしまうことでしょう。同様に，池上（2006: 47-48）に述べられているように，一般に反意語とされる「父」「母」という語もなぜ反意語であると判断できるかと言えば，どちらも親であるという特徴を共有しているからです。このように，比較して意味があるのは，あくまで何らかの共通点を

る」の意味になるのは，この共通点の部分に着目し，「(比較可能なぐらい) 類似点のある」という側面に意味のずれが生じたためと考えられます。

　さらに，payable が「支払い期限の」という意味になるのは，元来の「可能」の意味が見せかけの選択表現として機能し，依頼 (文脈によっては命令) になるためです。3.7 節で示したように，英語の場合，たとえ依頼をする場合でも，強制するような言い方は避け，選択肢を相手が自らの意志で選ぶというスキーマに持ち込む傾向があります。このような論理に基づいて，payable の場合も支払い可能である (つまり，払うか払わないか選択できる) という選択肢を与えているように見せかけて，実は支払いの依頼をしていると考えられます。[23]

　こうした形容詞の意味のずれは決して珍しいものではありません。たとえば，incredible は，「信用できない」という意味のみならず，「(信じることができないぐらいに) 驚くべき，すばらしい」という意味もあります。日本語においても，「今日は信じられないことが起こった。」のように，出来事の存在を認めた上で，まれな事例であることを示すために「信じられない」という表現が用いられます (この問題は 10.2 節で詳しく論じます)。

6.8. 連体修飾語

　ここまで，形容詞と名詞の複合語，および動詞 + able の複合

持ち合わせた対象の異なる側面です。
　[23] 詳しくは，7.8 節を参照。

形容詞に関して，一番目の要素と二番目の要素の関係を理解するためには両者をつなぐための背後の知識が必要であることを論じてきました。この章で扱う知識の補完の最後の事例として，Matsumoto (1997), 松本 (1993, 2007) の連体修飾の研究を紹介し，百科事典的知識が日本語の連体修飾にも重要であることを見ておきます。通常，日本語の連体修飾は，「太郎が昨日貸してくれた本」「花子が倒れたという噂」のように，英語の関係詞節構造，同格節構造と同じであると考えられがちですが，Matsumoto (1997) は，日本語の文法にかなった表現であるにもかかわらず，英語には存在しないようなタイプがあることを指摘しています。この問題をめぐって，Matsumoto (1997) は，連体修飾語と名詞の関係を成立させる制約として「述語フレーム制約 (Predicate Frame Constraint) を提唱しています。以下，いくつか Matsumoto (1997), 松本 (1993, 2007) が取り上げている例をご紹介します。[24]

(19) 頭がよくなる本

「頭がよくなる」と「本」が結びつくのは「本を読むことによって，その本を読んだ人間の頭がよくなる可能性がある」ということを私たちが知っているからです。本が読者の頭をよくする可能性を秘めているという理解があって初めて連体修飾と整合性が出てきます。したがって，効果が期待できないようなもの（たとえば

---

[24] 松本 (2007) は，これを改定して，Fauconnier and Turner (1996, 2002) によって提唱されている概念融合 (conceptual blending) を用いて，自身の提唱してきたフレームによる説明の定式化を試みています。

「ラケット」を用いて「*頭がよくなるラケット」）とは結びつきません。

 (20) <u>魚を焼く</u>臭いがする。／<u>魚を焼く</u>網はどこ？

魚を焼く時は，道具が必要であり，焼けば結果的に煙，臭いが出ることを私たちが理解していることで二つの文は成立します。しかし「焼く」という行為の一連の流れに含まれないことから想起できないような名詞が「焼く」に後続する場合（たとえば「*魚を焼くメニュー」）は不適になります。

 (21) <u>食べた残り</u>，冷蔵庫に入れた？／<u>食べたお茶碗</u>はもう
    洗った？

食事をして食べ残しが発生したらそれを保管することがあるという知識や，茶碗に食べ物を入れて食事をし，食べ終われば使った食器を洗うという知識がこの組み合わせの前提になっています。

 (22) <u>翻訳のお金</u>，もう食べちゃったの？

この文の理解には，翻訳をすると，その対価としてお金が発生するという知識が必要になります。ここでの「翻訳のお金」は「（翻訳者が）翻訳の仕事の対価としてもらったお金」を指します。

 同様に，松本（1993）では，以下の二つが挙げられています。

 (23) トイレに行けないコマーシャル

この文の話し手は，①「TV 番組には通常途中で CM が流れ番組が中断する」という知識と，②「通常，TV 番組本編途中で席を立たなくていいように，必要があれば CM の間に所用を済ま

せる」という知識を持っていることが前提となります。

(24) 高校に絶対に合格する家庭教師

この表現の理解には，①「生徒（の家）が家庭教師を雇い」，②「家庭教師は，生徒が高校に合格できるように勉強を教えることが期待される」という知識が必要となります。

6.9. まとめ

単語の意味は多面的であり，実際の文脈の中では，しばしば指示対象と言語表現との間に微妙なずれが生じます。このため，どの側面がクローズアップされているのかを掴み，文脈に合うように微調整することが必要となります。私たちは，この微調整をことばのオートフォーカス機能を用いて，いとも簡単に行っています。オートフォーカス機能による微調整を背後から支えているのは百科事典的知識であり，この知識のおかげで，非常に複雑な関係でも的確に，しかも，瞬時にピント合わせをすることが可能になるのです。

第 7 章

ずらす (2)：時間

「今，枕を濡らす本を探しています。」[1]

7.1. 時間のずれ

　第 6 章では，形容詞＋名詞の関係を中心に意味のずれの問題を見てきました。ここでもう一度，第 6 章の冒頭で触れた healthy について振り返ってみます。healthy exercise の healthy は「人を健康にするための」という意味でしたが，healthy exercise という原因があって，healthy body（健康的な肉体）ができるという結果が伴うので，両者は因果関係にあります。同様に，健康的な肉体になると，それに伴って結果的に健康的な見た目（healthy appearance）になるので，この両者も原因と結果の関係になります。つまり，「運動」「肉体」「外見」と共起する三つの healthy は，healthy が関わる時間の流れの中の異なる側面に注目した用法であると考えられます。[2]

---

[1] おしえて！goo give-me さんの質問（2004 年 5 月 31 日）の一部を引用。
https://oshiete.goo.ne.jp/qa/876774.html
[2] 「肉体が健康的な」という意味との類似性から「(組織が) 健全な」という

　名詞の中には，時間の流れを含むものが多く存在します。たとえば，establishment（制度などの設立，設置，制定，地位の確立）は行為そのものも指しますが，その結果としてできた，設置されたもの（法律，規則，制度）や地位などを確立した人（体制派，支配者層）も意味します。invention という単語には，「創造力，発明の才」「発明」「発明品」といった意味がありますが，これらは才能があって，発明という行為が生まれ，結果として発明品が存在するという時間の流れが含まれています。

　動詞においても，一つの出来事の中の異なる部分に焦点を当てることによってずれが発生するものが存在します。たとえば「寝る」は，「横になる」から転じて「（結果的に）眠る」という意味のずれが起きています。[3] 他にも，たとえば「すべる」という表現は「地面が安定しないことでコントロールがきかなくなる」ことを指しますが，結果として「転倒」や「失敗」が後続するため，しばしば後半（結果）に焦点を当てて用いられることがあります。英語の例を一つ見ておきましょう。miss は「失う」結果，「寂しく思う」感情が後続しますが，一連の流れの中の異なる側面に焦

意味が現れ，組織が健全であれば利益がそれなりに出るので，healthy profit のように「（利益の量が）健全な」という意味が現れます。組織が健全であることで，結果的に健全な利益が出るので，両者は時間が関係した（原因と結果の）メトニミーと考えられます。瀬戸他（編）（2007）参照。

[3] 池上（2006: 143-144）を参照。

点を当てることで，同一の出来事の中に複数の意味が生じています。このように，私たちは一連の出来事全体に着目したり，その出来事の中の一部分に着目したり，視点を自由に移動させることができます。

こうした例は，「自転車をこぐ」の「自転車」が「自転車のペダル」を表し，「ロン毛」が「髪の毛の長い人」を表すような空間的な近接関係に基づくものとは明らかに種類が異なります。本章では，このような時間のずれに関わる表現に焦点を当てていくことにします。[4]

7.2. 名詞の中のプロセス[5]

7.1 節の establishment, invention ですでに見たように，名詞には，その内部に物事の経過を含むものがあり，そのため，先行する部分，後続する部分など異なる側面に着目することがあります。たとえば，survey は「調査」と「調査結果」の意味を持ちますが，調査するという行為に着目することも，その結果に着目することも可能です。一方，invention と同じように，行為と結果だけでなく，原因に関わる部分にも着目する例が存在します。た

---

[4] ほぼ同時の出来事で，時間の経過があるか微妙ではありますが，leave は移動対象に着目すると「〜へ向けて出発する」，移動の結果，残されるほうに着目すると「おいて置く，残しておく」という意味になります。同様に，lose には「失敗する」「（勝負や戦いに）負ける，敗れる」「失う」といった意味がありますが，これも失敗し，負けた結果，失うという一連の出来事の中の異なる側面に注目した動詞であると考えられます（古賀裕章氏の指摘（私信）による）。

[5] ここでは「プロセス」という用語は「何らかの物事が進行する時間の経過も含んだ一連の流れ」という意味で用います。

とえば，choice という単語は，もともとは選択するプロセス全体に焦点を当てる単語ですが，選んでいく過程のさまざまな部分に焦点を当てた意味が存在します。物事を選ぶ過程には，まず，①選ぶ権利と②選択肢が前提となり，次に，③選択行為，そして，選んだ結果として，④選ばれたものが存在します。このような四つの意味は，「選ぶ」というプロセスの中での視点移動の結果生じたものです。[6,7]

① 選択権
I had to do it, I had no choice.
(やるしかなかった。選択の余地はなかった)

② 選択の範囲
You can have a sofa made in a choice of forty fabrics.
(40種類の中からお選びいただいた生地で，ソファをお作りいたします)

③ 選択すること
the choice between good and evil (善悪の選択)

④ (選択の結果) 選ばれたもの
This disk drive is the perfect choice for your computer.
(このディスク・ドライブは，あなたのコンピュータにぴったりです)

---

[6] 例文は，*Oxford Dictionary of English*, 2nd edition より引用。

[7] choice には，たとえば，a variety of choice foods のように「選りすぐり」を意味する形容詞もありますが，これは時系列的に言うと，④の選ばれたもののあとに来る評価になるため，④とはメトニミー的な関係になっています。

次に，始め（原因）と終わり（結果）に着目するものを見ておきましょう。この中でも特に慣習化されているタイプは，生産者（作者）と生産物（作品）に関係する近接関係です。[8]

(1) People are hungry for Shakespeare in America.
（アメリカの人たちは，シェークスピア［の作品］を強く求めている）

(1) は「シェークスピア」という人物名で彼の「作品」を表しています。たとえば，「そういえば，最近，中島みゆきを聴いていない。」，（CDの棚を見て）「B'zならのそこにたくさんある。」と言った場合の「中島みゆき」「B'z」はアーティストそのものではなく「（中島みゆき，B'zが作った）作品」を指すのも同じ例です。「やっぱり，エビスだな。」と言うときの「エビス」（の作っているビール），「あの人いつもユニクロばかり着ている。」と言う時の「ユニクロ」（で作っている服）もその一例です。

以下の (2) は素材（紙）でその素材を用いてできたもの（論文）を表す例です。「カシミヤ」「ウール」でカシミヤ，ウールを使った製品を指すのがそれに該当します。(3) は産地で産物を表す例です。コーヒー豆は「ブラジル」「ケニア」「コロンビア」（国名），「キリマンジャロ」「ブルーマウンテン」（山域），「コナ」（栽培地）などほとんどがこの事例に該当します。日本語だと，たとえば，「古伊万里は高い」の「伊万里」で，「伊万里焼」を指す例がこれに当たります。[9]

---

[8] Littlemore (2015: 43)。

[9] (3) は Littlemore (2015: 32)。

(2) He presented a paper at the conference.
（彼は会議で論文を発表した）
(3) Cheryl brought out the best china.
（シェリルは一番よい食器［磁器］を持ち出した）

その他，先行と後続という関係ではないものの，時間が関係するものとして「行為」を用いて，その出来事の中に現れる中心的な対象（ここでは参与者と呼びます）を表す例が存在します。たとえば，a pickpocket（スリ［人］），a guard（守衛），a date（デートの相手），a help（助けになる人），a suicide（自殺者），a graduate（卒業生），an influence（影響を与えた人），a failure（失敗した人），a success（成功した人）などがそのような例に該当します。[10, 11, 12]

7.3. 結果を含意する動詞

本章の冒頭で，miss という動詞には，「失う」という意味と（失ってしまった結果）「寂しく思う」という二つの意味があることを示しました。[13] このように，英語では，視点をずらすことに

---

[10] 松本（1999: 162-167）。

[11] ピーターセン（2018: 47-50）に指摘のあるように，love は，「愛情」のみならず，「恋人」の意味にも用いられます。

[12] 12.4 節を参照。ここの例と反対に，Anti-aircraft guns were manned and firing.（高射砲に人が配置され，発射された）の man（人員を配置する），They rounded up and butchered 200 people.（彼らは 200 人を検挙して惨殺した）の butcher（惨殺する）のように，もともと人に用いられていた名詞がその人の行う動作を表す例もあります（Littlemore (2015: 26)）。

[13] Lee（2001: 34-36）で指摘されているように，書類に何かを「記入する」ことを英語では，fill in, fill out の両方を用いて表現できますが，fill in は文

よって，一つの動詞で多様な局面を表現することが可能です。

(4) a. John locked the door.
（ジョンはドアに鍵をかけた）
b. John locked the room.
（ジョンは部屋に鍵をかけた）
c. John locked Mary out.
（ジョンはメアリーを締め出した）
d. John locked Mary in the room.
（ジョンはメアリーを部屋に閉じ込めた）

西村（2002: 294）で指摘されているように，上の四つの文は，時間に沿った一連の流れになっています。最初にドアに鍵をかけると（＝(4a)），結果，部屋に出入りができなくなります（＝(4b)）。(4b) によって，出入りができなくなった結果，部屋の外にいる人は部屋から締め出され（＝(4c)），部屋の中にいる人は部屋の中に閉じ込められることになります（＝(4d)）。動詞としては「鍵をかける」ということだけを述べているように見えますが，視点をずらすことで，鍵をかけた結果どうなったかということまでを lock という一つの動詞を用いて表現することができます。さらに，次の例を見てみましょう。[14]

字が紙という一定の枠内に書き込まれる側面，つまり行為の前半を指し，fill out は，枠内に入った文字が用紙の上に拡大していく側面，つまり行為の後半を指しています。これも，一つの出来事の異なる側面がクローズアップされた例です。

[14] Littlemore (2015: 27)。

(5) a. They booed the singer.
　　　　（彼らは歌手を野次った）
　　b. They booed the singer off the stage.
　　　　（彼らは歌手を野次って退場させた）
(6) He coughed and spluttered a lot and sneezed his lunch all over the place.
　　（彼はずいぶんせきこんでむせた上に，くしゃみをして昼食をあたり一面に飛ばした）

(5a) の boo（野次る）は，対象に野次を飛ばしているだけです。しかし，(5b) では，野次った結果，対象がそのあとどうなったかまでを含意しています。同様に，(6) のせきこんでむせる，くしゃみをすることはそれらの動作のみで完結してもよい動詞ですが，結果として食べものが飛び散ってしまったことまでも一連の流れとして表すことができます。これらは，行為そのものから，結果の状態へと視点移動をしている例と考えられます。[15]

7.4. 交替現象：「移動」と「所有」,「移動」と「状態変化」

7.3 節において，同じ動詞の中で視点移動が関係する例を見てきました。同様に，同一の出来事の一部に着目することで生ずるずれの例として，「移動」「所有」の意味の交替現象を挙げることができます。(7) のペアは (7a) が「対象物の移動」(すなわち，

---

[15] 池上（1995: 116）では，He kissed the baby. に対して，He kissed the baby awake. という例を挙げ，後者のほうが他動性が高いことを指摘しています。

手紙が受取手へ移動していること）に着目した表現であるのに対し，(7b)は「移動の結果」（すなわち，受取手が手紙を受け取った結果生じる所有）に着目した表現です。言うまでもなく，両者の関係は，一連の出来事の異なる側面に焦点を当てた例です。[16]

(7) a. John sent a letter to Mary.
   （ジョンはメアリーに手紙を送った）［手紙の移動に着目］
   b. John sent Mary a letter.
   （ジョンはメアリーに手紙を送った）［受取手の所有に着目］

SEND

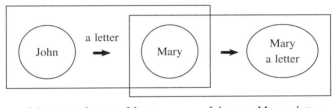

John sent a letter to Mary.　　John sent Mary a letter.
　（移動に着目）　　　　　　　　（所有に着目）

同様に，以下の(8a)の「ジョンは壁に吹付け塗装をした。」が移動（ペンキ→壁）に着目した表現であるのに対し，(8b)は移動の結果の状態変化（結果として壁全体にペンキが吹付けられている状態）に着目した表現です。これも spray という一連の出来事の中の部分に着目した現象です。[17]

---

[16] 図の中の矢印（→）は対象の移動と時間の流れの両方を兼ねています。
[17] 池上（1995: 149–152）を参照。

(8) a. John sprayed paint on the wall.
　　　（ジョンは壁に吹付け塗装をした）［ペンキの移動に着目］
　 b. John sprayed the wall with paint.
　　　（ジョンは壁に吹付け塗装をした）［結果の壁の状態に着目］

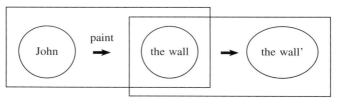

日本語でも同じ現象が見られます。西村（2002: 296-297）は「部屋中に本が散らかる」と「部屋が本で散らかる」,「パイプにゴミが詰まる」と「パイプが詰まる」なども，それぞれ，対象の移動と結果としての状態変化が関係したメトニミー表現であると指摘しています。

その他，「筆を執る」で「文章を書く」ことを表し，「舵を取る」で「舵を操る」ことを表す例のように，言語表現上はプロセスの前半でありながら，意味的には後半を指す例があります。[18] see a doctor（医者に面会する→診察してもらう），go to church（教会に行く→礼拝する），go to school（学校に行く→勉強する），go to bed（ベッドに行く→寝る）なども厳密に言えば,「目的地へ向かうこと」

---

[18] 国広（1997: 224）は，このような現象を「推論的派生義」と呼んでいます。

から「目的地で行われる活動」へと焦点が移動しているので，このグループに含まれると考えられます（この問題については，第8章で再度触れることにします）。[19]

7.5. 転喩

7.3節，7.4節では，一連の出来事の中の異なる側面に焦点を当てるずれを考察してきましたが，これをもう少しずらすと，近接する2つの出来事のうち，一方を用いて，他方の出来事を表す「転喩」と呼ばれる現象につながります。以下の例を見てみましょう。

(9) 袖を濡らす（泣く→袖が濡れる）
(10) 監督を胴上げする（優勝する→胴上げする）
(11) 徳利を空ける（徳利を空ける→酒を飲み干す）
(12) ユニフォームを脱ぐ（ユニフォームを脱ぐ→引退する）

(9)は「袖を濡らす」という表現で先行する「泣く」を表し，(10)は「胴上げする」という表現で先行する「優勝する」を表しており，いずれも結果で先行する物事を表す表現です。一方，(11)の「徳利を空ける」，(12)の「ユニホームを脱ぐ」は，先行する事柄で結果の「飲み干す」「引退する」ことをそれぞれ表しています。転喩の存在意義は「思考の動きに従ったずらし」（佐々木(2006: 451)）であることです。たとえば，(9)では，袖が濡れているのを見て，泣いたことを思い計り，(11)では，徳利を空け

---

[19] 池上 (2007: 112-113) にこの現象についての指摘があります。

たのを見て初めて，酒を飲み干したことが分かります。英語にも似たような表現が数多く存在します。[20]

(13) Jay and Denise are expected to walk up the aisle in the summer.
（ジェイとデニスは夏に結婚する予定だ）

(13) の walk up the aisle は，もともとは，結婚式後に教会の通路を出口に向かって歩くことを意味しますが，ここから転じて，結婚するという意味で用いられています。これは，結婚直後に通路を歩く（結果）によって，先行する出来事（結婚）を表している例です。

転喩は日常の中でもよく用いられます。運動選手の引退の場面では，しばしば「リンク」「ピッチ」「グラウンド」など活躍の場を「去る」という表現を用います。これは，(12) の「(ユニフォームを) 脱ぐ」同様，「去る」という先行する行為を表す表現で，「引退する」という後続する結果を表す例です。[21] 一方，驚き（および，後続する呆れた気持ち）を表す際「開いた口が塞がらない」「目が点になる」というような表現を用いますが，これは先行する驚きの気持ちを結果である顔の表情で示している例です。英語には，Mary raised her eyebrows.（メアリーは驚いた）という表現がありますが，raise one's eyebrows は文字通りには，「眉毛を上げる」ことです。つまり，眉毛を上げるという結果（表情）を

---

[20] Littlemore (2015: 25)。
[21] 他にも「バットをおく」のような表現があります。逆に，入門（団）の場合「門を叩く」「ユニフォームに袖をとおす」のような表現があります。

用いて，先行する驚きを表しているわけです。また，驚嘆すべき物事を eye-opener, jaw-dropper と言いますが，これらも同様に，「目を見開く」，「顎が落ちる」という驚嘆の表情（結果）によって驚き（原因）を表しています。さらに，本章冒頭の「枕を濡らす本」の「枕を濡らす」は，「袖を濡らす」同様，「泣く→枕が濡れる」という結果で原因を表す例です。このように，私たちは，日常のコミュニケーションの中で，特にずれを意識することなく，転喩を用いています。

7.6. 能動態・受動態

7.5 節では，転喩が隣接する二つの出来事の一方から他方への視点の切り替えを含む現象であることを見てきました。以下，広義の意味で「視点の切り替え」と密接に関係がある現象として，能動態・受動態についても少しだけ触れておきたいと思います。

西村 (1992) では，英語における能動態と受動態の違いを能動態は「動作主が対象に対して何をしたのか」に着目した表現であり，受動態は「動作主による影響を受けた対象がどのようになったのか」に着目した表現であると論じています。これはスキーマを変えて，同じ描写対象を捉え直しているという言い方もできますが，当然のことながら時間軸の中では先行・後続の関係にあり，焦点が異なります。

通常，何らかの出来事が目の前で起こっている場合，一番目立つのは，動きのあるもの（典型的には動作主）であり，目立った存在である動作主が何をしたのか，つまり，動作主を前景にして描写するのが最も描きやすい図式になります。もし，それ以外の

描き方をする(つまり,動作主以外を前景化する)のであれば当然,動作主以上に目立ったものとして捉えうる存在があることが前提となります。行為の対象,つまり動作を受ける側が,主語に取り立てられるためには,動作を受けた側が取り立てるに値するくらいに十分目立つ存在でなくてはなりません。受動態には,たとえば,kill や break のように,他動性の高い動詞(つまり,動作の対象に対して大きな影響力を持つ動詞)が現れる傾向がありますが,それは行為の対象に与える影響が大きければ大きいほど,それだけ対象の変化も顕著になり,したがって,主語として取り立てられやすくなるからです。

つまり,能動態から受動態への転換は,一連の出来事の中の前半部分「動作主が何をしたのか」から後半部分「その動作の結果,対象はどうなったのか」への視点移動であり,したがって,二つの態は全く異なる捉え方を反映した表現であると考えられます。[22]

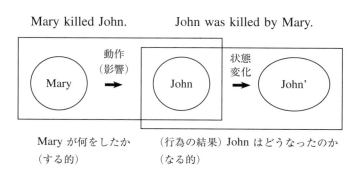

---

[22] ここの議論は,西村(1992),西村(2018: 14-16),池上(1995: 112-132)の議論を参考にしています。あくまで,典型的な受動態の場合です。

第7章　ずらす (2)：時間　　95

　ここで日本語特有の受動態にもひとこと触れておきます。上記のように，通常，動作主が行為の対象に何らかの影響を及ぼし，影響を受けたことに伴う顕著な変化を描写するのが受動文です。ところが日本語には，一見対象に何も影響を与えていないように見える自動詞を用いた文を受け身にすることがあります。ここには「自分とは別の外の世界の出来事を，己に結びつけ，いかにもその影響を被ったかのようにとらえる被害者的発想」(森田 (1998: 134-135)) が含まれています。[23] たとえば「雨に降られる」「子どもに泣かれる」などは「自分に無関係な「雨」や「子」の上に生じた予期せぬ現象を，己に降りかかった災難として受容する心理が，受身形という"受けの姿勢"を取らせている」(森田 (1998: 135)) ことになります。

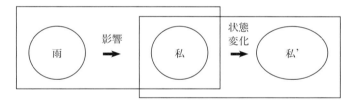

　私の身に降りかかった出来事　　被害・迷惑（私はどうなったのか）

---

[23] 森田 (1998: 141) は，日本語そのものの発想が極めて自分中心的なものである傾向があると論じています。同書では「痛くもない腹を探られる」「飼い犬に手を噛まれる」「鳶に油揚げをさらわれる」「長いものにはまかれろ」「庇を貸して母屋を取られる」「一杯食わされる」「後ろ髪をひかれる思い」「後ろ指を指される」「煮え湯を飲まされる」「濡れ衣を着せられる」のような慣用表現や「悪夢にうなされる」「熱に浮かされる」「情熱にほだされる」「良心の呵責にさいなまれる」「身につまされる」「火事で焼け出される」「囚われの身」のような受け身の形でしか用いられない多くの例で「私中心の受け手の姿勢」が見られることを指摘しています。

森田の指摘するように,「雨が降る」という現象は,直接誰か（何か）に向けられた行為ではないので,厳密な意味では,「私」は行為の対象ではないのですが,日本語の場合「ある出来事がその場に居合わせたもの（ここでは「私」）に何らかの影響を与える」というスキーマ（つまり,私の身の上に起きた出来事というイメージ）で捉えられているため,その点では,典型的受動文同様,「雨に降られた。」「子どもに泣かれた。」のような文における「私」は変化（災難）を被った対象と見なされていることになります。

　日本語の自動詞受け身の意味的な特徴は,悪い意味での心理的影響を含意することです。もちろん,英語でも対象に対する話者の心理的変化に基づく受動態は存在しますが,必ずしも否定的な側面に焦点が当てられているわけではありません。[24] 日本語の場合は,森田の指摘にあるように,外界の出来事が予期せぬ形で自分の身に降りかかってくるという図式で捉える傾向が強く現れています。さらに,予期せぬことが起き,自分が戸惑いの気持ちを持つ場合は,しばしば,迷惑・被害であるかのようなスキーマに持ち込む傾向があります。そのため,場合によっては,嬉しいことですら,被害や迷惑の形を装って表現することがあります。た

---

[24] たとえば, This bed has been slept in by George Washington. はベッドそのものが物理的な変化を起こしたというよりは,「ワシントンが寝たベッド」が私たちに与える心理的な影響が特筆に値するため受け身として成立します。同様に, The moon was reached for the first time in 1969. (西村 (1992)) の the moon は, 人類が到達したからといって大きな物理的な変化を起こしたわけではありません。むしろ, 月が人によって到達できる場所になったことで, 月が私たちに与えるイメージが変化したことが特筆に値するため, 受け身の主語として取り立てられているわけです。ここで挙げた二つの文はいずれもネガティブなイメージは伴いません。

とえば，喜ばしいことを表すのに，（通常不快な出来事を連想させる）「悲鳴」という語を用いて「うれしい悲鳴」と言い，通常なら当惑を示す「参る」という表現を用いて「いやー，参ったなぁ。」などと言いつつ，この表現にはしばしば朗報が後続します。このように，日本語の場合，発話者本人には喜ばしいことであっても，予期しなかった出来事，気持ちの整理のつかないような出来事は概して迷惑であるかのように受け止められる傾向があります。日本語の自動詞受け身文に迷惑・被害の意味が現れるのはこのようなスキーマのあり方が関係しているものと考えられます。[25]

7.7. 多義語における時間のずれ

　この章で扱ったずれの現象は，隠喩（メタファー）同様，長いことばの歴史の中で，語の意味が変化し複数の意味を持つようになる過程で重要な役割を果たすことになります。しかしながら，複数の意味を持つ単語の語義を通常辞書で調べようとすると，確かに語義に番号が振られ，分類はされているものの，分類した語義同士がどのようなつながりがあるのか明確でないことがしばしばあります。この多義語の語義の間の関係を辞書に盛り込むこと

---

[25] Ono and Suzuki (1992) では，「あの人，会議であんなこと言っちゃって，大丈夫かな。」のような「〜してしまう」「〜しちゃう」というネガティブなニュアンスを伝える表現が，「昨日，渋谷でかっこいい男の子に声掛けられちゃって…。」のように（発話をしている本人にしてみれば）ポジティブな出来事をいかにもいけないことであるかのように表現するのに用いられている例が紹介されています。これも，予期せぬ出来事，気持ちの整理のつかない出来事を自分の身に降りかかった迷惑なことであるかのようなスキーマに持ち込む一例と考えられます。

にチャレンジしたのが『英語多義ネットワーク辞典』（瀬戸他（編），小学館）です。この辞書には，語義の間の関連性が示されており，語義間の結びつきがよく分かるように作られています。7.1 節で取り上げた healthy，そして，7.2 節で取り上げた choice もこの辞典に掲載されています。ここでは，empty という形容詞を取り上げ，どのようにずれの現象が多義語の中に現れているのかを見ていきたいと思います。[26]

① からにするプロセス〔動詞〕
 a（容器を）からにする They emptied the bottle. →
          （彼らは瓶をからにした）
 b（容器が）からになる The streets began to empty.
          （通りは閑散とし始めた）
 c（中身を）からにする They emptied the rubbish into the plastic bag. →
          （彼らはがらくたをポリ袋に移した）
 d（中身が）からになる All the pupils emptied out into the playground.
          （生徒は皆，校庭に出ていった）
② からの（状態）〔形容詞〕 Your glass is empty.
          （君のグラスはからっぽだ）
③ （からの状態から容器にシフト）からの容器〔名詞〕
          She took all the empties back to the shop.

---

[26] healthy, empty は 2007 年日本英語学会のシンポジウムにおいて瀬戸賢一先生がご発表の際取り上げた例です。

(彼女は空き瓶を全部店に持っていった)

④ （空家，乗り物など広い意味で容器と見立てられるものが）からの〔形容詞〕

The classroom was empty except for John.

（ジョンの他に教室に誰もいなかった）

⑤ （④よりさらに広い意味の容器が）からの，無意味の〔形容詞〕

Life is empty.

（人生は虚しい）

empty で最もイメージしやすいのは，②の（缶や瓶のような容器が）「からの」状態を表す意味であると考えられます。容器をもう少し拡大解釈して，④のように広義の容器（乗り物や家）に用いることも可能です。さらには，⑤のように，より抽象的な心や人生のような容器にたとえられるものへと転用することも可能です。これら二つの拡張は，類似性に基づく拡張です。

②では，対象の「からの状態」に着目していますが，「からの状態」と近接関係にある「からの容器」に視点をずらすと，③のように「からの容器」の意味になります。また，対象がからの状態に至るには，その前に「からにする」プロセスがあると考えられます。それを示したのが①です。からにする行為の中では，容器（をからにすること）に注目すれば① a，その結果，容器がからになる局面に着目すれば① b になります。また，同じからにする行為でも，中身（をからにすること）に注目すれば① c に

なり,その結果,中身がからになることに着目すれば①dになります。

②→④,さらに,②→⑤は類似性に基づく拡張ですが,① a → b, ① c → d, ①→②, ②→③は,それぞれ近接関係に基づくメトニミーが関係しています。上記の説明をまとめると,emptyというカテゴリーの全体像は以下のような形になると考えられます。

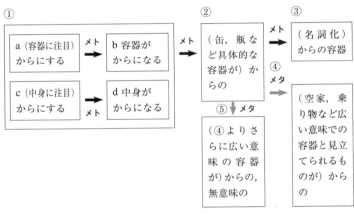

(＊メト＝メトニミー,メタ＝メタファーをそれぞれ指す)

このように語義間の関係を明確にすることで,語彙全体の有機的な関係を掴むことができるようになります。

7.8. 推論とずれ

ずらす現象は,談話のレベルにおける推論においても重要な役

割を果たします。[27]

(14) I ordered a pizza and we drank loads of red wine.
（ピザを注文して，赤ワインをたくさん飲んだ）

(15) I ordered some new books from USA.
（アメリカから新しい本を取り寄せた）

(14) (15) の order は「注文をする」ことを述べていますが，(14) では，注文したものを食べること，(15) では新しい本を入手することまでを含意しています。これは，通常，注文したものはその後手元に届くという推論が働いているからです。同様に，たとえば，John has gone to Scotland. は，今ジョンはここにいないことが含意され，Mary has lost her key. は，今メアリーの手元に鍵がないことが含意されます。このように，先行する行為から後続する結果が推論によって導き出されることがあります。[28]

Gibbs (1994: 327-328) は，以下のような例においても同様に推論が働いていることを指摘しています。

A: How did you get to the airport?
（どうやって空港まで行ったの？）

B: I waved down a taxi.

---

[27] Littlemore (2015: 25)。

[28] 鍵の例は Panther and Thornburg (2010: 241) から引用。たとえば，in ten minutes で時間内の最終地点（10分後）を指したり，across the street で通りを渡り終えた最終地点を指すように，一般に私たちは時間や空間移動に関する出来事の最終地点に着目する傾向があります。このような事例も結果に着目する視点移動が関係していると考えられます。

（タクシー拾って［手を降って止めて］）

Bの発話は，文字通りの意味では「タクシーに手を降って合図して停車させる。」ということなので，Aの「どういう方法を用いて空港まで行ったのか。」という質問の直接的な答えにはなっていないことになります。しかし，この会話は極めて自然であり，違和感を感じることはありません。Gibbsは，私たちがこのような会話を理解できるのは，以下のように目的地まで何らかの交通手段を利用し，決まった手順を踏んで行う移動に関する一連の知識が私たちにはあるからだと説明しています。

【前提】移動には車が必要（自分で運転する，誰かに乗せてもらう）
① 車に乗る，エンジンをかける
② 目的地に向けて運転する
③ 車を止める，降りる
④ 目的地に着く

したがって，②に当たる drive my car（自ら運転する）でも，①に当たる hop on a bus（バスに飛び乗る），stick out my thumb（親指を立てる：ヒッチハイクするときのジェスチャー）でも，移動のスクリプトの一部を表現することで一連の流れが想起されるため目的地に到着することが容易に推測できることになります。[29]

---

[29] ジェスチャーを言語化し，その動作が表す意味を間接的に伝える（後続で先行を表す）例はよく見られます。たとえば，give ... two thumbs up（〜を認める）は両親指を立てる容認するポーズ（two thumbs up）が由来です。また食べているものが美味しい時用いる，finger-licking good ですが，美味

上記の事例とは反対に，結果を用いてそこに至る行為を含意する場合もあります。身近な例で言えば，私たちが日常生活の中で日々目にしている商品の宣伝の多くがこれに該当します。たとえば，洗濯洗剤の CM では，気持ちよく乾いた洗濯物を頬に当て心地よさそうにしている人の姿をよく見かけます。このような CM では「この商品を使うと，結果として，洗濯物がこのような感じに仕上がります」という暗黙のメッセージを送っています。しかし，これはあくまで使った結果を示したに過ぎません。当然，このように心地よくなるためには，前提として商品を手にすることが必要になります。CM が本当に伝えたいのは「心地よくなる」という結果ではなく，そのための手段として「商品を購入してもらう」ことです。CM では，商品購入を促す文言はどこにも出てきませんが，このような結果で原因（手段）を表すメトニミー的な推論によって，何を意味するかが理解できるわけです。英語の例を一つ挙げてみましょう。Panther and Thornburg (2010: 252) では，CNN のキャッチコピーとして以下のような例を取り上げています。

(16) Be the first to know.
　　　（誰よりも早く情報をキャッチ）

言語表現としては「誰よりも早く情報を知る人になろう。」という結果の状態が推奨されていますが，その状態に至るためには「CNN を視聴する」ことが前提であるということが推論によって導き出されます。つまり，結果の状態に至ることを視聴者に促す

しさのあまり食べ物のついている指を舐めてしまう仕草から生れた表現です。

ことで，結果に到達するための手段が間接的に推奨されているわけです。このように，後続する部分から先行する出来事を推論によって導き出す事例は他にも存在します。たとえば，以下のような What's that＋名詞？のパターンにおいてもこの推論が関係しています (Panther and Thornburg (2000: 224-225))。

(17) 知覚したもので原因を表す
 A: What's that noise?（何，あの音？）
 B: Rain.（雨だよ）
 C: What's that smell?（何，この匂い？）
 D: The bread in the oven.（オーブンのパンじゃない）

(18) 症状で原因を表す
 A: What's that spot on your cheek?
  （何，そのほっぺた［のおでき］？）
 B: My allergy.
  （アレルギーなんだよ）

(19) 結果で原因を表す
 A: What's that bruise?
  （何，そのこぶ？）
 B: I bumped into the desk.
  （机にぶつけちゃって）

(17) では，音や匂いを聞かれているにもかかわらず，その音や匂いの原因を答えとして述べています。同様に (18) は，吹き出物が何かを答えるべきところですが，吹き出物ができた原因を述べ，(19) はこぶについて聞かれているにもかかわらず，こぶが

できた原因を答えています。聞き手は，結果の対象（状態）について質問されると，話し手がその結果に至る一連の流れ（とりわけ原因）を知りたがっているということを推論で導き出し，それに答えているわけです。

上記の議論を踏まえて，間接発話行為（indirect speech act）における推論とずらしについて考えてみましょう。3.7節において，依頼の意味で用いられる can を考察し，6.7節において，payable が「支払い可能な」という字義通りの意味から「支払い期限の」（支払うべき）という意味に変化していることを見ました。いずれも「可能」から「依頼（要請）」へと意味変化を起こしている例ですが，Panther and Thornburg (1998) は Can you pass me the salt?（塩取ってくれる？）のような文が依頼を意味することが理解できたり，「ねえ鉛筆持ってる？」と聞かれたら貸して欲しいという意味であると理解できるのは，このような表現を聞いた時，聞き手は以下のような依頼に関する一連の流れ（依頼のシナリオ）を想起し，それが発話の意図全体を理解するための推論の手助けになっているからであると考えています。

【前提】 話者は聞き手に X（行為）をしてもらいたい。
① 話者は何らかの形で聞き手に X をするように仕向ける。（依頼［示唆］）
② 聞き手は X をしたほうがよい状況になる。
③ 聞き手は自らの意思で X を行う気持ちになる。
④ 聞き手は X を行う。

上記の【前提】部分をもう少し詳しく見てみましょう。話者が聞き手に何らかの依頼をする（つまり①に至る）ためには，その前

提として，以下の3つの条件が満たされていなければなりません。話者はこれらが解消できて初めて依頼が可能になります。

　　（条件1）（ものを求める場合）聞き手が話者の求めるものを
　　　　　　　持っている。
　　（条件2）聞き手が行為 X を行うことが可能。
　　（条件3）聞き手が行為 X を行う意思がある。

「鉛筆持っている？」と隣の友達に声をかける場合，また，お店に行って「○○はありますか？」と求めるものの存在を確認するのは，（ものが存在しなければ買えないので）（条件1）を確認していることになります。塩を聞き手に取って欲しい場合，聞き手が話者の求めるものを持っていることはすでに確認できていますが，次に重要なのは，聞き手が話者にそれを渡す能力を持っているということです。Can you pass me the salt? と can を用いれば，（条件2）の（聞き手の）能力を確認していることになります。さらに，能力があっても，聞き手にやる気がなければ，依頼は成立しません。Will you …? の依頼文の場合は，（条件3）にあるように，行為を依頼する聞き手の意思を確認していることになります。一連の流れをまとめると以下のようになります。

　　【前提】　話者は聞き手に X（行為）をしてもらいたい。
　　（条件1）（ものを求める場合）聞き手が話者の求めるものを
　　　　　　　持っている。
　　（条件2）聞き手が行為 X を行うことが可能。
　　（条件3）聞き手が行為 X を行う意思がある。
　　＊上記の条件が整えば，以下のステップへ

① 話者は何らかの形で聞き手にXをするように仕向ける。（依頼［示唆］）
② 聞き手はXをしたほうがよい状況になる。
③ 聞き手は自らの判断でXを行う気持ちになる。
④ 聞き手はXを行う。

聞き手は，（条件1）から（条件3）に関する質問をされると，これら一連の依頼シナリオ全体が想起され，相手が依頼をしてきていることが理解できます。

　本来なら，何か望むことがあれば，話者が聞き手に直接依頼内容を伝える（＝①）べきところですが，物事を聞き手に依頼するということは聞き手の負担になりかねません。そのため依頼主（話者）は聞き手に直接負担を押し付けるのではなく，できるだけ依頼内容を間接的に伝え，それを察した聞き手が自らの意思で決断し行うという選択のシナリオに持ち込む必要があります（3.7節を参照）。このように，本来あるべき直接的な依頼から，依頼の前提を質問するというずらしを用いることで，話者は聞き手に対して（選択の余地のない）直接的な依頼を避けることが可能になります。3.7節における You can pass it on to the HR. が「渡してください」という意味にシフトし，6.7節の payable が「支払ってください」という意味にシフトするのは，このようなメカニズムが背後にあると考えられます。[30]

---

[30] Panther and Thornburg（1999）は，たとえば，I was able to buy the book. という文は表現上は可能性を表していますが，実際は，行為を行ったことを示す例であることを指摘し，「潜在的能力で実現」というメトニミーの存在を指摘しています。

7.9. まとめ

　ずらす捉え方の一つにプロセスが関与する現象があります。その中には，メトニミーによるもの，転喩によるもの，能動態，受動態の関係も含まれます。さらに，このような時間に関わる焦点のずらしは，多義語の意味関係の把握，および，談話レベルでの推論においても重要な役割を果たします。

第 8 章

ずらす (3)：形の選択

"愛"というのはさまざまな形を持っている。水も同じだよね。決まった形がなく，いろいろな形になる。僕は，"愛"と"水"は同じだと思っているんだ。

Guillermo del Toro

8.1. 形と境界線

冒頭の引用は，2018 年のアカデミー賞作品賞を受賞した「シェイプ・オブ・ウォーター」の Guillermo del Toro 監督が，この映画のコンセプトについて語ったものです。[1] このタイトルには，愛情も水と同じように特定の形などなく，人それぞれにいろいろな形があってよいのではないかというメッセージが込められています。

引用にあるように，水には特定の形はありません。容器を使えば容器の形に，手ですくえば，すくった手のひらの形になります。英語の場合，文法上，数えられるものと数えられないものを区別し，特定の形のあるものは可算名詞，特定の形を持たないものは不可算名詞扱いになります。水は特定の形，特定の境界線を

---

[1]「デル・トロ監督インタビュー：前編シェイプ・オブ・ウォーターのタイトルに込めた真意」映画.com https://eiga.com/news/20180227/13/

持たないので,基本的に不可算名詞扱いです。この「特定の形」「特定の境界線」という概念は,一見シンプルに感じられますが,精査してみると実はそれほど簡単ではありません。特定の形のないはずの水ですら時に可算になったり,形のあるように見えるものが形を失い不可算扱いになったりします。この章では,この「特定の形」「境界線」をめぐって,一見原則を逸脱するような不可解な可算・不可算の現象に,今まで論じてきたことばのオートフォーカス機能が深く関与していることを見ていきます。

　先ほども述べたように,英語では,ものの名前を言語化する際,対象に明確な輪郭が認識できれば可算,形がはっきりしない均質な物質(substance)であれば不可算扱いになります。mud(泥),sand(砂)あたりまでは粒子の細かさ故に不可算,pebbles(小石),beans(豆)ぐらいから一粒一粒がはっきりしてきて可算になるといったように,対象の物理的な大きさがある程度の基準にはなりますが,必ずしも物理的な大きさのみで可算・不可算が決まるわけではありません。つまり,この区分は本来名詞に備わる性質ではなく,あくまで人間が対象をどう捉えているかが重要になります。

8.2. 形状変化,種類に着目する

　最初に,個体性の高い(したがって,通常可算扱いされる)対象が形状変化により本来持つ形を失い,不可算化する例を見ておきましょう。形状がもともと明確な輪郭を持った a cucumber(キュウリ1本),an egg(卵1つ)などは可算扱いですが,キュウリは刻んでしまえば明確な個体性を失い不可算扱い(some cucumber）に，また卵も，たとえばスクランブルエッグにすれば不可算扱い（some egg）になります。同様に，タマネギは丸ごと一つ（an onion）であれば可算ですが，刻んでしまうと不可算になります。生きている鶏は境界線が明確なので可算扱いですが，肉になって明確な形状をとどめない場合は不可算になり，また，ケーキは丸いホールが基本単位で可算（a cake）ですが，普段私たちが食べているような1/8サイズ程度に切り取れば不可算扱いになります。逆に，元来不可算扱いの液体でも文脈によって可算扱いになります。たとえば，ワインの場合，フランス産，チリ産，日本産といったようにしばしば産地が話題になりますが，種類がクローズアップされると種類という（数えられる）概念によって個体性が顕著になり，たとえば，three wines（産地の違う3種類のワイン）のように可算扱いになります。また，液体は通常不可算扱いですが，レストラン，バー，カフェなどでは，提供される液体の分量は（サイズは複数あるかもしれませんが）一定量に決まっており，店としては「何人分」（つまり，容器をいくつ）用意するかということのほうが重要になってくるので，two coffees, three beersのように個体性が前景化し可算扱いにすることができます。[2] このように可算・不可算名詞はあらかじめ決まっているわけではなく，形が変化すればどちらにもなりうる可能性があります。

---

[2] アメリカ，ワシントン州，シアトルにTwo Beers Brew Companyというお店があります。オーナーが友達と議論になった時，2杯飲んで話し合ったらうまくいったというところから命名したようです。モットーは，A life is a little more honest after two beers.（お店のサイトより）。このように，2杯という時，可算にすることが可能です。

8.3. 単体として見る，複合体として見る

　ここまで，物理的な大きさを基準にした例，形状の物理的な変化に伴う例を見てきました。今度は，実際の個体の大きさ・形状とは関係なく，捉え方が影響している例を見ていきましょう。当たり前のことですが，ものは遠く離れれば全体が，そして，接近すれば細部がよく見えるものです。たとえば，髪の毛のような場合は，全体をざっくり遠くから見れば（均質な要素の集合と見るので）不可算扱いであるのに対し，「あ，白髪がここに2本…。」などといったように接近して構成要素（髪の毛1本，1本）に注目すれば可算扱いになります。さらに，実際に接近しなくても，対象を必要に応じてズームアップし，複数の個体として見ることもあれば，たとえ対象の境界線が明確であったり，物理的な大きさが比較的大きかったとしてもズームアウトし，あたかも対象を遠くから眺めているかのように，全体を一つの集合として認識することもあります。

(1) a. The committee has made its decision.
　　　（委員会は決定を下した）

　　b. The committee have returned to their seats.
　　　（委員会 [のメンバー] は席に戻った）　　(1a)　　(1b)

committee, crowd, audience, government, family などは，構成要素の個体性は高いものの，そこには着目せず，一つの集合として見れば（1a）のように単数扱いになりますが，個々の成員に注目しそれらの集合として見れば（1b）のように複数扱いになり

ます。

　それに対して，(2) の police，(3) の cattle のような場合は，(1b) と同じ捉え方のみが可能です。このグループはあくまで個の集合（複合体）というところに焦点があり，複数扱いになる傾向があります。

(2)　The police have arrested Tom.
　　　（警察はトムを逮捕した）
(3)　The cattle were dying because they had no water.
　　　（水がなかったので，牛（の群れ）は死にかけていた）

8.4. 活動，機能に着目する

　個体性の高い対象があるにもかかわらず，その対象を含む活動に視点移動することにより，その個体性が埋没し，不可算扱いになる事例があります。7.4 節で示した go to school（学校［勉強し］に行く），go to church（教会［礼拝をし］に行く），go to hospital（病院［治療］に行く）に加えて，go to college（大学に［勉強をしに］行く），go to prison（刑務所に行く［服役する］）などの school, hospital, church, college, prison はこの事例に当たり，冠詞を伴いません。同様に，by car（車で），by train（電車で），on foot（徒歩で），by bicycle（自転車で）などもそれぞれの個体よりもそこで行われる活動のほうに視点が移動することで，個体性が埋没していると考えられます。対照的に，その場所で行われる主たる活動が焦点になっていない場合は，以下のように school, church, prison などの前に冠詞が現れます。[3]

(4) Mr. Kelly went to the school to meet his daughter's teacher.
（ケリーさんは，娘の先生に会うために学校に行った）

(5) The workmen went to the church to repair the roof.
（作業員は，屋根を直しに，教会に行った）

(6) Ken went to the prison to visit his brother.
（ケンは，弟の面会のため，刑務所に行った）

娘の学校の先生との面談，屋根の修理，留置されている自分の兄弟との面会などといった場合は，そこで行われる本来の活動への意識が弱まり，むしろ建物への関心が高くなることで，個体性が生じていると考えられます。

一方，furniture（家具），cutlery（フォーク，ナイフ類），luggage, baggage（荷物）のような集合名詞（日本語で言えば，○○類）を見てみると，カテゴリー内の成員はある一定の大きさを持ち個体性は高いものの，大きさ，形状ともに安定していません。こうした家具やフォーク・ナイフ類などのカテゴリーをそれぞれ1つのカテゴリーとして成立させているのは用途です。「家具」，「フォーク・ナイフ類」は形，大きさもさまざまですが，それぞれのカテゴリーの構成員には「家庭の中で使用するもの」「食事の時に用いるもの」という共通点があります。いずれもどのような役割を果たしているのかという点ではすべて均質であり，一つの集合としてカテゴリーを形成しています。個体性の高い（した

---

[3] Murphy (1985: 150)。

がって，可算扱いの）machines（機械），novels（［個々の］小説）などに対して，集合的に表す（したがって，不可算扱いの）machinery（機械類），fiction（［ジャンルとしての］小説）のような表現が存在しますが，これらも用途を重視しているため均質なものの集合として捉える見方が反映されています。

8.5. 抽象概念として見る

culture（文化），language（言語），experience（経験），difficulty（困難），effort（努力），thought（思考）などは（たとえば，言語なら，日本語，中国語といった）個々の具体的な対象を指す場合は可算名詞であるのに対し，（「言語とは何か」といった時のような）抽象概念として用いられる場合は不可算扱いになります。この延長上に，通常，不可算にはなりにくい名詞が抽象概念として用いられる例があります。[4]

(7) Car is the best mode of transportation.
（車は最良の交通手段だ）
(8) Bed is the best place when you are really tired.
（本当に疲れている時は，ベッドは最良の場所だ［寝るに限る］）

(7)の car は通常可算名詞として扱われますが，ここでは冠詞なしの単数扱いです。この car は移動手段という抽象概念で，したがって，自動車一台一台の持つ特定の個体のイメージは後退して

---

[4] 池上（2007: 125-130）では，一般論を述べる際に a car, cars → the car → car の順で抽象度が上がっていくことが指摘されています。

いると考えられます。同様に，(8) も通常，可算扱いの bed が不可算名詞として用いられています。この場合，睡眠（の場）が前景化されており，寝具としての bed そのものの個体性は背後に後退していると考えられます（活動への焦点移動という意味で，8.4 節の go to bed とも関係しています）。さらに，8.3 節で指摘したように cattle は，あくまで成員を重視した集合で通常複数扱いですが，(9) のように単数扱いになることがあります。これも (7) の car 同様，抽象概念としての cattle で，したがって，構成要素の個体性は埋没し，単数扱いになります。[5]

(9) Cattle was regarded as the most convenient measure of value.
（牛の群れは最も便利な価値の算定基準と考えられていた）

これは，以下のような文において，主語が本来複数であるにもかかわらず単数扱いされることとも深く関係しています。(10) は抽象概念としての距離（「〜という距離」），(11) は抽象概念としての時間（「〜という時間」）に関心が移行しており，マイル数，年数への関心は極めて低くなっています。[6]

(10) Six miles is too far for me to walk.
（6マイル[という距離]は歩くには遠過ぎる）
(11) Three years is a long time to be without a job.
（3年[という月日]は無職だと長い）

---

[5] Hirtle (1982: ch. 4)。
[6] Murphy (1985: 156)。

8.6. 群れと個体

　動物は単体で活動するというイメージを持つものと，基本的に群れをなしているというイメージを持つものがあります。ご存知のように，sheep（羊），deer（シカ），buffalo（スイギュウ），bison（バイソン），elk（ヘラジカ）などは群れをなすというイメージが強く，個体性の高い構成員によって構成されていることは意識しつつも，群れ全体への関心の高さから一つの塊として捉えられる傾向が強いと考えられます。[7]

(12) Hunters can track deer most easily in the spring snow.
（猟師は春雪の中ならシカを簡単に見つけることができる）

(13) Three buffalo graze in the field.
（3頭のスイギュウは野原で草を食べる）

　ただ，その中でも特に個体性に着目する場合は，可算化できる場合があります。Hirtle (1982: ch. 1), Reid (1991: 4.4) では，buffalo が同じ文脈の中で，可算・不可算の両方で使用されている例を挙げています。彼らの引用しているテクストは，buffalo の群れを誘導する仕事をしている人たちの話で，以下のような文で始まります。[8]

---

[7] (12) は Reid (1991: 141)，(13) は Reid (1991: 117)。

[8] Jenness, Diamond (1977) *The Indians of Canada*, Seventh ed., National Museum of Canada Bulletin 65 (Anthropological Series No. 15), Ottawa, pp. 57-58。

(14) Young men are usually sent out to collect and bring in the buffalo—a tedious task which requires great patience …
　　（若者は，普通，スイギュウの群れを集めて（放牧地に）引き入れる仕事に行かされる。これは，かなりの忍耐を要する退屈な仕事で…）

(14) では，buffalo は群として扱われていますが，以下の (15) では，足の速い男 (= he) が，放牧地に先回りし，buffalo の毛皮を頭から被り，放牧地の中に群れを誘導するいるという場面において可算名詞として現れます。

(15) When he sees buffaloes approaching, he moves slowly toward the pound until they appear to follow him; then he sets off at full speed, imitating a buffalo as well as he can, with the herd after him.
　　（男は，スイギュウが近づいてくるのが見えると，スイギュウたちが明らかに自分の後をついて来ていると思えるまで，ゆっくりと囲いのほうに向かって移動する。それから，ついて来る群の先頭で，スイギュウになりきって，急いで前進するのである）

Reid (1991: 130) は，放牧地で毛皮を被って待っている男から見えているのは群れ全体ではなく，自分の目の前にいる数頭の buffalo であることが影響し，可算化されていると指摘しています。そして，自分が buffalo の真似をしている時は，当然のことながら個体としての一頭なので，a buffalo と単数が用いられて

います。

　放牧地に誘導し、男が群れを遠巻きに見る状況になると、buffalo は再び群れとして認識されます。さらに、同じテクストをしばらく読むと、群れの中の一部が足を折ったり、時に首の骨を折ったりする場面で、以下のような表現が用いられています。

(16) 　Many buffaloes break their legs, some their neck, in jumping into the pound …
　　　（囲いの中に飛び込んでいく時、足を骨折するスイギュウがたくさんいて、中には首の骨を折るものもいて …）

この場合も群れ全体ではなく、群れの中の一部の特定の個体に着目しているため可算扱いになっています。このように、元来、群れとして捉えることが基本である名詞が、とりわけ個体性を際立たせたい場合、可算化されることがあります。

8.7. 食材、種として見る

　さらに、個体性が高く、通常可算扱いされる動物が狩猟、獲物という文脈の中では（食材や素材のイメージから）不可算扱いになる傾向があります。以下の rabbit（ウサギ）、giraffe（キリン）、squirrel（リス）は通常、可算扱いですが、獲物を獲得するという場面では、捕獲後が前景化されるため、不可算扱いになることがあります（Reid (1991)）。[9]

---

[9] (17) は Reid (1991: 139)、(18) は Reid (1991: 146)、(19) は Reid (1991: 144)。Reid (1991: ch. 4) は、14歳から18歳のアメリカ東部の学生

(17) The settlers often trapped rabbit that year.
（開拓者はその年よくウサギを罠で捕まえた）

(18) Lions often prey on giraffe, selecting stragglers lagging behind the herd.
（ライオンは，よく群れから遅れたキリン選んでえさにする）

(19) Furriers prefer skins of squirrel taken during the winter months because their fur is thicker then.
（毛皮を売る業者は，毛皮が厚いので，冬に取れたリスの皮を好む）

また，個体性が高く通常可算扱いの動物が，動物保護，または，動物園といった場面において，時々，語尾に複数のマーカーを伴わない（内部複数化する）場合があります。[10]

(20) Bear vary greatly in size.
（クマは大きさがまちまちだ）

(21) We observed three elephant in the game park.
（私たちは保護地区でゾウが3頭いるのを見た）

これらは，池上（2007: 134-135）の指摘するように種の概念が前景化されているためと考えられます。

500人を対象に，13種の動物の可算性に関するアンケート調査を行っています。(17) から (19) は，そこで用いられたサンプル文です。

[10] Hirtle (1982: 11)。

8.8. まとめ

　可算・不可算はあらかじめ決まっているものではなく，あくまで，使用者のものの見方が投影されたものです。物事にはさまざまな側面があり，どこに注意を向け，どこにフォーカスを当てるかによって可算・不可算が決まってきます。名詞の可算性を決める際にも，ことばのオートフォーカスが機能しており，背後から私たちのものの捉え方を支えてくれています。

第 9 章

因果関係の選択

> 『東大生の約半数がピアノ経験者 脳科学の観点でも効果は実証』ちゃうで。子供にピアノ習わせるような裕福な家庭の子は塾や家庭教師もつけられるから成績良くなるってだけのハナシ。相関じゃなくて疑似相関。すべてのピアノ習った子の成績と親の年収との相関を見ればわかるよ。[1]

9.1. メタルと銃

みなさんは『ボーリング・フォー・コロンバイン』という映画をご存知でしょうか。この映画は，Michael Moore 監督が 1999 年，アメリカ，コロラド州コロンバイン高校で起きた高校生による銃乱射事件をめぐって，銃社会のあり方，ひいてはアメリカの社会構造に深く切り込んだ（時々お笑いありの）ドキュメンタリー・フィルムです。2002 年のカンヌ国際映画祭での特別賞を始め 20 以上の賞を獲得しました。この映画の中で Moore 監督は，犯人が犯行直前までボーリングをしていたにもかかわらず，それを無視して，マスコミやそれに感化された多くの人が犯人の聴いていた音楽が犯行の原因であると考えるのはなぜかと問いかけました。

犯人が犯行直前に行っていたこと，または関わっていた出来事

---

[1] Simon_Sin (@Simon_Sin) さんのツィート（2018 年 1 月 4 日）。

は犯行に影響を及ぼしている可能性があります。少なくとも可能性があったか検証があってもよかったはずです。しかし，人は概して事実を客観的に見るのではなく，自分が「これが原因」と思い込んだもっともらしい要因に注目し，それに見合うような証拠を集めて，自分の思い込みの確証を得ようとします。コロンバイン高校の乱射事件の際も世論は結論ありきであったのではないでしょうか。

　Moore 監督は，この作品の中で，黒人犯罪についても取り上げています。アメリカにおける黒人犯罪は近年減少傾向にあるにもかかわらず，いまだに「不満を持つ有色人種と犯罪」をクローズアップするような TV 番組が放映され続ける実態を暴いています。TV が黒人問題をクローズアップし続けるのは，たとえそれが事実を反映していなくとも，センセーショナルに，かつ，視聴者に分かりやすい形で犯罪を報道することで，視聴率が稼げるためです。裏を返せば，数は多くても TV 映えのしないものは取り上げられません。本当は，サイバーテロや企業内の詐欺，横領事件などいろいろ取り上げるべき重大犯罪はあるはずですが，銃も暴力もない，つまり，TV 映えしない事件は視聴率が稼げないので取り立てられることは少ないのです。

　高校生銃乱射事件の犯人が聴いていた音楽のアーティストとして非難の的になった歌手の Marilyn Manson は，映画の中のインタビューで，マスコミがメタル，ビデオゲームは悪影響といった分かりやすい話を作り上げ，この事件をセンセーショナルにクローズアップすることで，（同日に発生した）コソボ空爆や Bill Clinton のホワイトハウス内での不祥事など大事な話はどこかに消えてしまい，事件がホワイトハウスの都合のよいように利用さ

れていると懸念を表明しています。

9.2. 原因帰属とは

9.1節で見たように，何か物事が生じた時，人は通常原因をつきとめようとします。何か原動力となったものを探し出し，そこに原因を見い出すことを原因帰属と言います。原因帰属の一つの傾向は，たとえばコロンバイン高校の犯人が事件を起こしたのは特定の音楽を聴いていたからであると考えたりするように，しばしば状況の中で最も目につきやすいものを特別扱いし原因と考えることです。しかし，付加情報一つでそれまで原因と思われていたものが背景に退き，背後に隠れていた別の要素が原因として浮かび上がってくることもあります。

帰属が反転する例を一つ見てみましょう。Zechmeister and Johnson（1992: 26）は帰属の流動性について以下のような例を挙げ，情報の重要性を説いています。[2]

> 「腕時計のガラスがハンマーで叩かれ，ガラスが割れてしまった」という出来事があったとする。この文を読むとたいていの人はガラスが割れた原因はハンマーで叩いたことであると考えるだろう。もちろん，これ以上の付加情報が何もないなら，日常の物理学的理解に基づき，ハンマーなんかで叩いたからガラスが割れてしまったのだと考えるのは正しい。しかし，もし背景の文脈が次に示す通りだった

---

[2] 邦訳は『クリティカル・シンキング　入門篇』（1996: 36）を参照。

らどうだろう。すなわち，これは時計が乱暴に扱われても大丈夫かどうか調べるため，時計工場でガラスの耐性検査をしている時に起こった出来事であった。この文脈では，多くの人はガラスが割れた原因はガラスの欠陥のせいだと主張するであろう。このように，付加情報一つでそれまで「原因」と思われていたものが背景の文脈に引っ込み，それまで背後に隠れていた別の条件が浮かび上がってくる。原因を探るために多くの情報を集めることがいかに重要かここからわかるだろう。

　世の中の出来事は多面的であり，必ずいくつもの側面を持っています。原因と思われていた要素から別の要素に視点をずらし，帰属関係を見直す作業は，第3章の推理小説，笑いにおけるパラダイムシフトのところですでに見た通り，一つの出来事の中にあるさまざまな情報の中から視点をずらし，近接する別情報を前景化させるという点で，まさにメトニミー的な視点転換であると考えられます。

　このように，帰属の問題は与えられた情報によって，めまぐるしく関係が変化します。つまり，どのような文脈の中に置くかによって，今まで見えてこなかった帰属関係が現れてくる可能性があります。今まで見えていなかった帰属に影響を及ぼす情報が浮かび上がる別の例を見ておきましょう。

　Kahneman（2011: 109-112）は，アメリカ中西部の肝臓癌に関する統計を用いてこの反転例を示しています。アメリカの肝臓癌の出現率のデータを取ってみると①中西部，南部，西部の農村部，②人口密度の低い地域，かつ，③共和党の支持地域では癌が

多いという結果が得られました。これをどう考えればよいでしょうか。原因としては，一般的に③の共和党は無視され，①の農村部であることが取り上げられ「質の高い医療が受けられない」「高脂肪の食事」「酒の呑み過ぎ」「タバコの吸い過ぎ」といったもっともらしい要素が原因と見なされます。しかし，本当の原因は意外なところにありました。Kahneman によれば，人口密度が低く標本数が少ない地域はデータに偏りが出やすくなることがあり，それが原因であることが判明したようです。標本数は実は重要な要因であるにもかかわらず，もっともらしい原因として考えられないため，しばしば無視されます。しかし，上記の例のように標本数を考慮に入れるだけで，全く異なる筋書きになる可能性があるため，帰属の問題を考える際には非常に重要な要素になります。

この章の冒頭のツイートは，TV 番組で取り上げられていた「東大生とピアノの関係」に対して，Simon_Sin さんが指摘したものです（2017 年 1 月 4 日）。Simon_Sin さんのご指摘は安易な因果関係を見い出すことに警鐘を鳴らすものですが，この話は，標本数の点でも疑問の余地があります。後日，この TV 番組の標本数を確認してみたところ，母集団が 100 人であることが分かりました。100 人を東大生全体とするにはやや無理があり，信ぴょう性を確かめるには，もう少し多くのデータを取って検証する必要がありそうです。[3]

このように，どのような情報を持っているかが帰属の問題を考

---

[3] 学力全般に関する因果関係，帰属問題は，中室（2015）が参考になります。

える上で非常に重要になりますが，私たちは日常生活の中では，よほど時間のある時以外は，あらゆる角度から精査した上で帰属を決めているわけではなく，しばしば少ない根拠からもっともらしい帰属先を推測し，その推論を正当化するような証拠を積極的に見い出そうとします。そのために，ある一定の傾向が見られることになります。中でもよくあるのは以下の通りです。[4]

(1) 私たちは自分に都合の悪いことは自分のせいではなく，自分以外の出来事や人が原因であると考え（外的要因），自分に都合のよいことは自分の能力や努力に帰属させる（内的要因）傾向があります。たとえば，Johnson et al. (1964) では，何人かの先生にお願いして学生の勉強を見てもらい，その結果について原因を考察してもらうという実験を行いました。生徒の成績が伸びなかった場合，教員は生徒のやる気が足りないといったような生徒が原因であることを指摘する傾向が見られ，逆に，生徒の成績が伸びたという報告に対しては，自分の指導方法がよかったと考える傾向が見られました。評価を下す人は，自分に関して持っている情報と自分の外側に関して持っている情報が異なる（当然，自分について知っていることのほうが多い）ため，別の人が見た時と比べ評価に一定の偏りが生まれてきます。

(2) 少ないデータに基づいて帰属を推定することから，両

---

[4] 何か物事の判断をする際に完璧な方法ではないものの，暗黙のうちに基準にしているお手軽な方法をヒューリスティックと呼びます。

者が無関係であるにもかかわらず,同時に二つの出来事が発生した場合,それを原因と見なしてしまう錯覚がおきます。冒頭の「東大生とピアノ」の話もその一例と言えます。[5] 野村克也氏は,楽天監督時代,連勝中は験担ぎに3日間同じ赤いパンツを履き続けたというエピソードがありますが,当然のことながら「赤いパンツを履く」ことと「勝利する」ことは偶然同時に起こっただけで,何の因果関係もありません。また無意識に芽生えてしまうという点では上記のタイプとは異なりますが,「ジェットコースター,吊り橋などで一緒にいる相手に好意的な感情が芽生えてしまう」というよくある話も錯覚の一つです。これは,危険な場所で生じたドキドキする気持ちを,たまたま一緒にいた相手に誤って帰属させてしまう帰属エラーという現象です。

(3) 3.6節でも触れましたが,どこに物事の原因を見い出すかという問題は,個人の問題でありながら,もう一方では置かれた環境も影響を及ぼす可能性が十分にあります。たとえば,何か問題が発生した場合,自分または自分の所属する集団の中に原因を見い出し,内的要因に持ち込む傾向の強い集団と,問題は自分または自分が所属する集団以外の何かによって引き起こされたと考えて,原因を外に帰属させようとする傾向の強い集団が存在します。

---

[5] 中室・津川 (2017) の因果関係の誤解についての議論が参考になります。

9.3. 帰属と主語の選択：形容詞文から考える

　ここでは，原因帰属の考え方を踏まえて，形容詞文とその背後にある知識の問題を掘り下げてみたいと思います。形容詞文は，典型的には，以下のように分類できます。

(4) 情態形容詞の形容詞文
　　a. 花が赤い。
　　b. 部屋が汚い。
(5) 情意形容詞の形容詞文
　　a. 私はさびしい。
　　b. 父の死が悲しい。
(6) 温度・痛覚の形容詞文
　　a. 痛い。冷たい。
　　b. 足が痛い。
　　c. 氷が冷たい。

　最初に (4) の情態形容詞文について考えてみます。まずここで注意しなければならないのは，情態形容詞で示される情報は，対象と向き合う人間（観察者）とは無関係に最初から対象の特徴・属性として存在しているわけではないということです。よく見ていくと，当該の対象が観察者にとってどのようなあり方をしているかを当該対象に本来備わっている属性と読み替えたものであることが分かります。たとえば，「この本はやさしい。」という場合の「やさしい」は「読む」という行為を通して得られた観察者の体感であり，「このカバンは重い。」の「重い」は「持ち上げる」という行為を通して得られた観察者の感覚です。それは，た

とえば「バラは赤い。」の「赤い」のような場合も同じで,「赤い」の場合は「見る」という視覚を通して得られた観察者の情報です。[6]

　このように,向き合う人間と対象との関わりの中で得られた情報が対象の特徴と見なされているわけですが,その情報の安定度は,人によってばらつきが出ることがあります。「赤い」「四角い」といった色や形に関する視覚情報は比較的安定しており,観察者によって判断が異なることはめったにありません。したがって,「*この花は,私には赤い。」というように「私には」を入れた文は一般には使われません。それに対して,先ほどの「この本はやさしい。」の場合,本はしばしば読み手によって,やさしくも難しくも感じられることがあるので,「この本は僕には難しいけど,君にはきっとやさしいよ。」のように読み手を限定することが可能です。この場合,「難しい」は「僕」が読んだ時に現れる本の特徴,「やさしい」は「君」が読んだ時に現れる本の特徴ということになります。判断が安定していればいるほど,つまり,いつ,誰が,どこで判断しても評価が一定であればあるほど,観察者のあり方や対象を知るための行為への関心は薄れ背景に退き,みんなの体感が対象の属性と見なされる傾向が強くなります。もちろん,「読む」という行為に関しても,誰が,どこで,いつ読んでもやさしいという場合は,もはや読み手への関心は薄れ,

---

[6] Langacker (1999: 353) は,形容詞は非常に幅があり,blue, red のように対象の属性であると捉えられる可能性が高いものと,cooperative (協力的な), visible (目に見える), user-friendly (使いやすい) のように,背後にいる人の影が見え隠れするものとバリエーションがあることを指摘しています。

「やさしい」が本の属性として本に帰属しやすくなります。[7]

ここまで向き合う人間が限定される例を見てきましたが、対象との関わり方が限定される場合もあります。この場合、形容詞で表される性質は、当該の行為を行った時に出てくる対象の一時的な特徴と見なされます。[8]

(7) a. この魚は、焼くと美味しい。(「美味しい」は、焼いた時に出てくる対象の特徴)
    b. 蒸すとほんのり甘い。

英語の場合、行為を行う人間を明示する、または限定する場合、This book is difficult for him.（この本は彼には難しい）のように for 以下に示し、行為を限定する場合は、This book is easy to read.（この本は読むのが簡単だ）のように to 不定詞つきの形容詞文の形で行為を明示化または限定することができます。そして、このような文における形容詞は「to 以下の行為を行った際に顕在化する主語の特徴」であるということになります。

一方で、「あの人は優しい。」「あの子は正直だ。」といった対象の性格を描写しようとする場合はどのような帰属関係が成り立っているのでしょうか。通常、人を「優しい」「正直」と評価するには何らかの手がかりが必要です。この情報は、向き合う人間が対象と日常的に接触することを通して総合的に得られることもありますが、手がかりが少ない場合は、特定の場面における対象の

---

[7] This book reads easily.（この本は読みやすい）のような中間構文とも関連がありますが、ここでは触れません。
[8] 対象の情報の絞り込みに関しては、澤田 (2001)、八亀 (2012) が参考になります。

行動を見て，限られた情報を判断材料にすることもあります。たとえば，英語ではしばしば He was honest to confess his mistakes.（彼は正直に自分の誤りを白状した）のように to 不定詞で評価対象の行動が示されますが，この to 以下は，対象の性格を判断するための手がかりを表していることになります。[9] そして，このような手がかりとなる行動と性格の関係は，概して，(8a) にあるように正直さを行為に帰属させる捉え方と (8b) のように正直さを評価対象に帰属させる捉え方の二つが可能です。

(8) a. It was honest of him to confess his mistakes.
     （彼が誤りを白状したとは，正直なことだ）
　　 b. He was honest to confess his mistakes.
     （彼は正直に自分の誤りを白状した）

では，なぜ本当は「行為者が行った行為」が正直であったにもかかわらず，それを「行為者」に帰属させようとするのでしょうか。これは，私たちが「自分の体は自分の意思で制御できていて，自分の意思で動かしている」という「行為者（の意思） → 行為」の因果関係を前提にしているからであると考えられます。つまり，私たちがある行為を正直だと評価する時，「評価対象の正直さが原因となって，そこから正直な行為が発生した」と考え，正直さを評価対象の内的要因に帰属させる傾向があるからだと思われます。ここでは，行為者と行為の間にメトニミー的視点転換が生じていると考えられます。

---

[9] 例文は，『ウィズダム英和辞典』（三省堂，第3版）より引用。

9.4. なぜ安定した性質として帰属させるのか

このように，私たちは対象から読み取った情報を対象側の（典型的には恒常的な）性質，属性として捉えようとする（つまり，対象に帰属させようと読み替える）傾向があります。動作が関係しているのであれば，通常は動作主が行う行為として表現するはずです。では，どうしてこのように読み替えてやる必要があるのでしょうか。

この問題を考えるにあたって，池谷（2009: 188-190）の般化に関する記述が参考になります。たとえば，ある人物の姿を正確に覚え，今日のその人物の服装，髪型，見た角度からの画像のみをその人物であると認識したとしましょう。このように捉えてしまうと，もしその人物が明日髪型や服装を変えたら，同じ人間と認知できないことになります。同様に，同じ通学路でも行き帰り，朝晩では風景が異なります。ですから，朝の道の風景，夜の道の風景を厳密に覚えて通学路と認識したら，朝晩は同じ道とは認識できず，帰宅できないことになります。服装や髪型が変わっても，ある程度時間が経過しても，見る角度が変わっても同一人物であると認識し，明るくても暗くても，そしてどちらの方向から歩いて来ても同じ道であると理解するためには，完璧な記憶ではなく，不変の共通項を抽出すること（すなわち，般化）が重要になると池谷（2009）は述べています。

対象との関わりの中で観察者の収集した情報を対象の性質と見るのも，般化の一つと考えられます。対象が向き合う人とどう関係しているのかは，厳密に言えば，毎回微妙に異なっているのかもしれません。しかし，ほぼ同じような関係性が保たれているの

であれば，対象側の不変の情報として読み替えてやることで，対象と接する度にアクションを起こさなくても安定的に，かつ，素早くその情報が入手できます。たとえば，いつ読んでも楽しく読める本があったら，その本の楽しさを本が本来持つ特徴と読み替えることで，向き合う側が，その都度改めて確認をする手間が省けます。第2章で私たちは日頃，もっともらしい読みを選択する例を見ましたが，対象の性質への読み替えはある意味，最も確率の高い読みを提供していることになります。対象の性質として読み替え，できるだけ不変の情報として捉えようとする背後には，このような理由があると考えられます。

9.5. 対象の性質・話者の心情：帰属の反転

次に（5）の情意形容詞について考えて見ましょう。情意形容詞は非常に流動的で，観察者の内的要因，つまり心のあり方として帰属させることも，外的要因，つまり対象の性質として帰属させることも可能です。たとえば，「悲しい」「さびしい」という形容詞を考えてみましょう。これらは，本来，観察者にわき上がる一時的な感情であることがデフォルトですが，ある出来事が起こった時，いつでも悲しい，さびしいという感情がわき上がるのであれば，それは，出来事や対象に帰属させることも可能です。たとえば，目の前にある絵を見た時，いつも同じ感情（たとえば，悲しい）が芽生えたとしましょう。この感覚を向き合う人に帰属させ（つまり内的要因と考え）観察者の心のあり方であると解釈することもできますが，同時に，その絵を見た時は常に物悲しさを感じるのであれば，絵の側に帰属させ，対象の側が物悲しさを

第9章　因果関係の選択　135

備えている（物悲しさを観察者に与えている）と考え，帰属を逆転させることも可能になります。ここで重要なのは，西村（2002: 305-308）が指摘するように，この反転の背後に因果関係とずらしが存在していることです。すなわち，「対象が向き合う人に悲しい気持ちを想起させる性質を持っている」という図式へのスキーマ転換（ずらし）が起こっていることになります。[10]

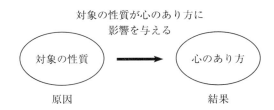

さらに，上記の議論を踏まえて，(9) の温度・痛覚の形容詞文を以下考えてみましょう。

(9) a. 痛い。
　　b. 足が痛い。
　　c. バラのとげが痛い。

痛覚の場合，痛みの帰属先は「身体」「身体の一部」「痛みの原因」の三つになります。まず，自分の体の全体の痛みとして表現すれば (9a)，体の一部に走る痛みと捉えれば (9b)，痛みの原因を探

---

[10] 池上（2006: 178）では，Something surprised me. と I was surprised. のような文を挙げ，感情を引き起こす原因と結果としての感情の交替現象を論じています。Pinker（1989: 142）にも同様の指摘があります。また，瀬戸（1997b: 172）は，このような例をシネクドキーの一つであると指摘しています。

し(「別れがさびしい」の場合と同じように)痛みの原因が自分に痛みを与えていると捉えれば(9c)のようになります。

(10) a. 寒い。
b. 隙間風のせいで,足元が寒い。
c. 風が寒い。

寒さの場合は,体感(10a),ピンポイントで体の一部の寒さ(10b),寒さを感じさせる原因(10c)のようにいくつかの帰属が考えられることになります。このように,温度・痛覚の場合も原因と結果のメトニミーが関与していることになります。

9.6. 形容語転移

　形容詞文とその帰属関係を考えていく上で,一見通常の規則を破っているように見える現象があります。たとえば「疲れた夜道」「悲しい空」という表現を考えてみましょう。「疲れている」のはその道を歩いている人であって,夜道ではないはずです。同様に,「悲しい」と感じるのは,空を見ている人であって,普通は空そのものではないはずです。このように,「二つの語(句)を,平常表現上の文法に逆らって,形容-被形容の関係に置く表現」(佐々木(2006: 112))を「形容語転移」と呼びます。(11a)の「まんじりともしない夜」,(11b)の「さびしく立っていた」,そして,(11c)の「忙しい朝」も形容語転移の一種と考えられます。[11]

---

[11] (11a, b) は,佐々木 (2006) を参照。例文の出典は,(11a) は『愛の年

(11) a. ジュリアはそれを眺めながら，まんじりともしない夜を明かした。
　　 b. （倉庫が）物さびしく，立っていた。
　　 c. 忙しい朝でもしっかり食べよう。

佐藤（1987: 74-75）は，この問題に関して，以下のような例を挙げ，（　）内の選択肢は，右に行けば行くほど形容詞と後続する名詞の間にずれを感じることになると論じています。

(12)　彼は（石だたみの／長い／暗い／淋しい／孤独な／悲しい）道を歩いていった。

「石だたみの」「長い」「暗い」のように，誰が見ても同じ評価が得られる（特に視覚に関わるものは判断のぶれが少ない）情態形容詞であれば，道の本来持つ性質であると感じられますが，元来人の感情を表す情意形容詞が名詞の前に来るとやや不安定になります。つまり，もちろん，誰しもがさびしいと感じたり，悲しいと感じたりするのであれば，当該対象の性質のようにも見えますが，観察者の判断が安定しない場合は，後続する名詞の性質とは考えにくい場合もあります。情意形容詞で表される情報の帰属先は極めて流動的です。それを改めて確認するため，ここまで議論してきた「形容詞＋名詞」から一度離れ，「○○は悲しい」といったコピュラ文について考えてみましょう。

(13)　太郎は，友達との別れが悲しくて仕方がなかった。

代記』（塩野七生，1978 年，新潮文庫），(11b) は『流人島にて』（武田泰淳，1953 年，大日本雄弁会講談社）。

9.5節で述べたように,悲しさは,太郎の心情と捉えることも,別れがその悲しさを生み出す原因になっていると捉えることも可能です。(13) の場合は,それを同時に表していることになります。つまり,「悲しい」という形容詞は心に帰属しつつ,同時に別れにも帰属していることを描写していることになります。[12] このように,「悲しい」という感覚は,形として比較的はっきりした「別れ」や「私」に帰属させるほうが理解しやすいわけですが,非常に不安定で,場合によっては,他の対象に帰属させることも十分に考えられます。たとえば,悲しさを「道」といったもう少し具体的な対象に帰属させ,道が悲しさを私たちに与える性質を持っていると読み替えることがあっても不思議ではありません。一つ具体例を見てみましょう。佐藤 (1996: 310) は,川端康成の『雪国』の中に出てくる「寒い立ち話」という表現について,以下のように指摘しています。

(14) 和服に外套の駅長は寒い立ち話をさっさと切り上げたいらしく,もう後姿をみせながら,「それぢやまあ大事にいらつしやい。」　　　　　　　（川端康成『雪国』）
国境のトンネルを抜けてまもない信号所で汽車がとまり,乗客の女性と,知り合いの駅長との,列車の窓越しの会話である。「寒い」のは立話であろうか,それとも人間たちであろうか,ふたりのうちでは屋外に立つ駅長のほうがとりわけ寒かろうが,ともかく,人間も

---

[12] 尾上 (1985: 33) は,「別れがさびしい」という例を取り上げ,「別れ」が主語になるのは「(情意的な) ことがらの中に求められる直接的な中心, 述べられることがらの対象的中核であるからにほかならない。」と指摘しています。

立話もそして雪国全体も，みな「寒い」のである。

「寒い」の場合，名詞を後続させると「寒い日」「寒い季節」「寒い冬」などが最もつながりのよい組み合わせですが，少し調べただけでも「寒い」＋名詞で以下のような組み合わせに出会うことができます。

　　　寒い町，寒い駅，寒い空気，寒い雨，寒い雲，寒い川，寒い橋，…

たとえば，寒い町の寒い駅で降る雨はやはり寒さを感じさせ，もちろん，その場の空気も寒く感じることでしょう。そんな時，ふと空を見上げれば，どんよりとした雲はやはり寒さを感じさせ，近くの川や橋に目を転ずれば，やはり凍てつくような寒さを感じるかもしれません。確かに寒さは体感ですが，寒い場所に現れている参与者はみな寒い場所にあって，寒さを知覚者に感じさせる原因になりうる対象です。したがって，寒い駅で長々と「立ち話」をすれば，その立ち話が寒さの原因になっていると感じても不思議ではありません。つまり，もちろん寒さをどこか一カ所に見い出し，帰属させることは可能ですが，それはあくまで帰属の一つの可能性を示したに過ぎません。[13]

もう一つ別の例として「懐かしい」という表現について考えて

---

[13] TVのニュースで気象予報士が「明日は暖かい雨になるでしょう。」と言っているのを耳にしたことがあります。この「暖かい雨」は，「暖かい気温の中で降る雨」のことを指していると考えられます。つまり，暖かいのは気温であって，雨そのものではありません。しかし，「寒い立ち話」の例と同じように気温が暖かいことで，雨も暖かく感じられることから，帰属を全体（気温）から個別の対象（雨）にシフトさせた例であると考えられます。

みましょう。みなさんが，久しぶりに帰郷したとしましょう。「懐かしい村」に戻ると，「懐かしい顔」が出迎えてくれて，その「懐かしい声」を聞けば，昔の「懐かしい日々」を思い出すことでしょう。久しぶりの我が家では，美味しいお酒と「懐かしい味」を堪能し，「懐かしい思い出話」に花が咲くことと思います。自宅の部屋に残された「懐かしい本」，「懐かしい机や椅子」そして，目の前を流れる川や山，何もかもがみんな懐かしく感じられます。懐かしさを感じるのは人であり，ものではないことから，本来なら人の気持ちを表す形容詞ですが，上のどの表現に関しても違和感はなく受け入れられます。「懐かしい」という表現は，人，登場する対象，状況，日などいろいろなものと結びつきうる可能性を秘めており，どれか一つに落ち着くことはありません。もちろん，「別れがさびしい」同様，帰属対象を何か特定のものの形で明確に求めたほうが分かりやすく，実際，帰属させやすい慣習化した対象は存在しますが，「懐かしい」という感覚は，描写対象の中のどこと結びついても違和感がないふわっとした感覚です。

改めて冒頭の例に戻ると，「悲しい空」の「空」は，「悲しい」という感覚が帰属先を求める中で私たちが見い出した帰属先の一つです。形容語転移の問題は，そこだけを取り出すと特殊な現象のように見えますが，帰属の問題をもう少し深く考えると，最も一般的な帰属関係と形容語転移を含む特殊な帰属関係の線引きは非常に難しいことが分かります。ここでの議論が妥当なものであれば，形容語転移は，特別な現象として扱われるべきものではなく，帰属先の慣習性の問題と関連づけながら，帰属問題全体の中

に位置づけて考えていくことが望ましいということになります。[14]

9.7. まとめ

　物事の原因を見い出すためには，できるだけ多くの情報を手に入れることが重要です。新たな情報一つで話の展開が変わることがありますが，主役を脇役に，そして，脇役を主役に配置転換するには，メトニミー的な視点の切り替えが必要不可欠です。さらに，形容詞文の主語選択においても，メトニミー的視点移動が重要な役割を果たしています。

---

[14] ここの議論は，佐藤（1996: 10 章）を参考にしています。

第 10 章

「ありえない」問題,「間違えやすい」問題

私じゃない私,将棋じゃない将棋

10.1. 行為と行為の対象

　本という対象にはいろいろな関わり方があります。本来の役割である中身を「読む」ことはもちろん,写真集であれば「眺める」のもよいでしょう。インテリアとして本棚に「飾る」「並べる」のが趣味という人や,本が多過ぎて「整理する」ことが一番という人もいるでしょう。さらには,自炊（本を裁断して,自分で電子書籍化すること）が日常的になった近年では,本と言えば「裁断する」ことを最初に思い浮かべる人がいても不思議ではありません。このように,私たちと本にはいろいろな関わり方がありますが,This book is easy to read. のような文の述部にある to 以下の行為は,その関わり方を明示したものです。そして,すでに 9.3 節で論じた通り,easy のような to 不定詞の前に現れる形容詞は「to 不定詞以下の関わり方をした際に現れる主語の特徴」を表します。

　私たちは,日々の経験から,本の難易度が問題になった際,デ

フォルトとなる働きかけは「読む」という行為であることを知っています。したがって、「この本は難しい。」（This book is difficult.）のような文では行為は明示されていなくても「読む」ことが前提になっていると理解します。もちろん、裁断することが話題になっているような特殊な文脈であれば、この文は内容に関してではなく、紙の質や製本の状態を指していることになります。

つまり、This book is easy to read. の to read は、あえてそのデフォルトの行為を明示化した文ということになります。なぜそのようなことが必要かというと、「読むまではやさしそうでバカにしていたのに、読んだら難しかった。」または、「表紙を見たら難しそうだったけど、読んだらめちゃくちゃ簡単だった。」のように読む前に持っていた感想と読んだあとの感想を比較する場合は、読むという行為がその差を示すために非常に重要な要素となるためです。同様に、pretty to look at（見た目は可愛い）のような表現もよく使われますが、「見た目はいいけど、性格はねえ。」といったような文脈で、目で見て得た印象とそれ以外の感覚で得た印象を対比させる時、「見る」というデフォルトの行為は、どのような側面に関する評価なのかを明確にする上で重要な要素になります。

easy to read のような述部を持つ（1a）のような形容詞文は、その意味的類似性から、しばしば（1b）のような it の仮主語を用いた文とセットにして論じられてきました。

(1) a. John is tough to get along with.
（ジョンはうまくやっていくのが難しい人だ）

b. It is tough to get along with John.
(ジョンとうまくやるのは難しい)

(1a) はジョンの特徴（うまくやるのが難しい性格），(1b) は行為（ジョンとうまくやること）の難易度を表しています。このように，難易度，興味の度合，危険度などの尺度のどこかに対象を位置づける際，「行為そのもの」と「行為の対象」がしばしばペアになり入れ替えが可能になります。つまり，「行為そのものが難しい（面白い，危険だ）」は「対象が難しい（面白い，危険だ）という性質を備えている」と読み替えることもできます。この二つがペアになっているのは，すでに前章で論じたように，帰属の問題と関係があります（「正直な行為」と「正直な行為を行った行為者」の間の近接性については 9.3 節をご覧下さい）。私たちが物事を難しいと感じる場合，困難さを行為に帰属させることも可能ですが，さらに突き詰めると対象（の特徴）が困難さの原因になっている（簡単に言えば，対象のせい）と考えることも可能であり，したがって，難易度を対象に帰属させることもできるわけです（「この絵は悲しい。」「別れが辛い。」のように外的要因として対象に帰属させる例は 9.5 節をご覧下さい）。

10.2. possible, impossible 再考

非常に簡単ではありますが，10.1 節において，行為全体の難易度を表す文，対象の性質を表す文を概観しました。以下，6.7 節で取り上げた形容詞の意味のずれの現象と帰属の考えを踏まえて，従来問題とされてきた現象に説明を試みることにします。

第 10 章　「ありえない」問題,「間違えやすい」問題　　145

　1970 年代に possible と impossible を用いた文には,文法的な振る舞いに違いがあることが指摘されました。どちらの形容詞も (2) にあるように,it を仮主語にした行為そのものを評価する文を作ることは可能ですが,to 不定詞以下の動詞の目的語を取り出して主文の主語にした This book is easy to read. のような主語の特徴を表すタイプの文に書き換えようとすると,(3a) にあるように impossible を用いた文は可能ですが,(3b) のように possible の場合は文として成立しません。

(2) a.　It is impossible to talk to John.
　　　　（ジョンと話すのは不可能だ）
　　b.　It is possible to talk to John.
　　　　（ジョンと話すのは可能だ）
(3) a.　Mary is impossible to talk to.
　　　　（メアリーは,話のしにくい人だ）
　　b.　*Mary is possible to talk to.
　　　　（*メアリーは話をすることができる人だ）

　この違いはどのように考えたらよいでしょうか。この問題を解く鍵は,意味の「ずれ」にあります。

10.3. 選り分け：私じゃない私

　この問題を少し掘り下げるために,まず「選り分け」という概念について触れておきます。河西 (2017) は,従来提唱されてきた「身分け」「言分け」の他に,新たに「選り分け」という選別方

法を提唱しています。[1] たとえば，「彼女は母親であって，母親ではない。」という文を考えてみましょう。この文における，最初の「母親」は「生物学上，または法律上の母親」を指し，後半の「母親」は「母親らしいことをする母親」を指します。ここから，「母親」には「母親というカテゴリーに属する女性」という意味と「母親というカテゴリーのあるべき姿の女性」という意味と二つの意味があることが分かります。河西（2017: 3章）は，この二つ目の「あるべき」姿に関わる選別を「選り分け」という選別方法として，その存在を指摘しています。[2]

さらに，河西（2017: 2章）は，「母親であって，母親でない」の「母親ではない」同様，一見カテゴリーの成員であることを否定しているように見え，実際はカテゴリー内にあることは認めた上で，カテゴリー内であるべき姿になっていないこと表す例が数多く存在することを以下のような例を挙げて指摘しています。

> nonage（未成年，未熟，幼稚）
> noncountry（国家らしくない国家）
> nonentity（実在しないこと，作りごと，とるに足らぬ［つまらない］ひと［もの］）
> nonevent（期待外れの出来事，実際には起こらなかった出来事，中身がないこと）

---

[1] 「身分け」「言分け」に関しては，丸山（1983）を参照。
[2] Littlemore (2015: 126) には，She has again become her mother's daughter.（彼女は，やっぱり，自分のお母さんによく似たタイプの娘になった）という表現が挙げられています。この場合の mother は，母親というカテゴリーそのものを表しているわけではなく，「彼女の母親らしさを備えた」という意味ですが，この場合も本来の意味からずれが見られます。

第10章 「ありえない」問題，「間違えやすい」問題

noninformation（当面の問題に関係のない情報）

nonissue（たいして重要でない問題）

nonperson（存在しないと見なされてる人，あまりぱっとしない人，非重要人物）

nonsystem（十分に組織化されていない制度，非制度）

non-thing（存在しないもの，無，無意味なもの）

　日本語の「非国民」も同じです。「非国民」は国民の中のあるべき姿ではない人を指すことばなので，「非国民」も国民の一部ではあることには変わりありません。このような現象は，「こんなの○○じゃない！」という形でよく登場します。たとえば，引退した棋士が，現代の対局を見てあまりに指し方が変わってしまったのを嘆いて「こんなの将棋じゃない。」と言ったとしましょう。この場合の「将棋」も目の前にある対局が将棋というカテゴリーに属することを否定しているわけではなく，「本来自分がイメージするようなあるべき姿の将棋」ではないと言っているわけです。また，自分が自分らしく生活できていない時に，人は「こんなの私じゃない。」と呟いたりします。これも，当然のことながら，私が存在しないということ言っているわけではなく，自分が今本来のあるべき自分の姿にないことを表す文です。いずれも，「存在しうるか否か」から「カテゴリー内におけるあり方」に意味が近接関係を通してずれを起こしていると考えられます。[3]

---

　[3] この問題は「猫は猫だ。」「イチローはイチローだ。」のようなトートロジーという現象と関係があります。トートロジーに関して，酒井（2012）では「ネズミを取らない猫は猫じゃない。」「こんなに打たないイチローはイチローじゃない。」のような文に関して詳しく分析を行っています。

すでに 6.7 節において，readable は本来の「読むことができる」という意味から「読みやすい，読んで面白い」に，また，payable は「支払い可能な」という意味から「支払い期限の」に，そして incredible が「信用できない」から「すばらしい」にそれぞれ本来のカテゴリーから近接する意味にずれを起こしていることを見ました。impossible の場合も incredible 同様，「可能であるかどうか」というところから，近接関係にある「可能であることは認めた上で，どう位置づけられるか」つまり，「本来の姿としてはあるべき姿にない」という意味にシフトしていると考えられます。[4]

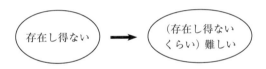

もう少し具体的に見てみましょう。(3a) の Mary is impossible to talk to. の impossible はずれを起こした impossible です。つまり，「(物理的に話ができることは前提とした上で) 話ができないくらいに話にくい」という主語の特徴を表しています。一方，possible to talk to には，選り分けによる意味のずれはなく，話すことが可能であるか否かという二者択一について答えている (つまり，話しやすさの程度を描写してない) ため，主語の特徴とは見なされにくく，文として成り立ちません。[5] これを踏ま

---

[4] 第 6 章でも論じたように，瀬戸 (1997b) はシネクドキーの問題として考えています。

[5] talkable (話しやすい) がその役割を担っています (readable と同じタイプ)。

て以下の例文を見てみましょう。[6]

(4) It is impossible to talk to Joe because …
 (ジョーとは話ができない，なぜかというと…)
 a. he is out of town. (出張で今留守だから)
 b. he is as stubborn as a mule. (頑固者だから)
(5) Joe is impossible to talk to because …
 (ジョーは，本当に話しにくい人なんだよ，なぜかというと…)
 a. *he is out of town. (出張で今留守だから)
 b. he is as stubborn as a mule. (頑固者だから)

(4) の impossible は，単純に「彼と話をする」という行為の可能性がないことを述べているだけです。したがって，理由は「今出張中だから」という物理的な理由 (4a) であれ，「話にくい人だから」という性格的理由 (4b) であれどちらも許容されます。一方，(5) の impossible は，話ができることは認めた上で，どれだけ話しにくいかという判断を下し，その話しにくさが彼の性格にあることを描写している文です。したがって，(5b) のように，性格的な問題から話しにくいというのは根拠として問題ありませんが，話すという行為そのものが物理的に不可能であることを根拠とする (5a) は，理由としては不適切になります。このように一見不可思議な possible, impossible の差も，ここまで見てきた意味のずれを考慮に入れると，うまく説明することが可能になります。

---

[6] van Oosten (1977: 468)。

10.4. うっかりやってしまった行為の難易度

　形容詞文に関して,もう一つ以前問題になりつつ,十分に議論がされてこなかった easy to miscalculate(計算間違いしやすい)のような現象の再考を試みることにします。[7]

　10.1節において,This book is easy to read. のような文の述部にある to 以下の行為は,主語の対象と向き合う人との関わり方を明示したものであり,to 不定詞の前に現れる形容詞は「対象と向き合う人が to 不定詞以下の関わり方をした際に現れる主語の特徴」であると主張しました。ところが,この定義に合わないような文が存在します。

(6) This ladder is easy to fall off of.
　　（この梯子は落ちやすい）
(7) The billing is easy to miscalculate.
　　（請求書は計算間違いしやすい）
(8) Money Trading Bitcoin is easy to lose.
　　（仮想通貨は失いやすい）

　(6) から (8) の文に現れる動詞は,いずれも意図せず,うっかりやってしまった望ましくない行為の結果です。たとえば (6) の fall off は,最初から落ちることを目的として行われた行為ではありません。そして,easy to read のようなパターンとは異なり,述部は落ちるという行為を達成しようとした際の難易度を述

---

[7] (6) は Richardson (1985) より引用。Richardson (1985) はこの現象について,問題提起し,詳しく論じています。

第10章 「ありえない」問題,「間違えやすい」問題　　151

べているわけでもありません。意図を伴わないこのような動詞は，行為の達成を目標としていない以上，行為達成の難易度を示すeasyのような形容詞とは共存し得ないかのように見えますが，どのように考えていけばよいのでしょうか。

　この問題には，Panther and Thornburg (2000) が指摘する「結果で手段」を示唆するずらしが解決のヒントになります。この現象は，すでに第7章で論じましたが，ここでもう一度振り返っておきましょう。7.8節にて，Be the first to know.（誰よりも早く情報をキャッチ）という「結果」で，そこに至るための「手段」（つまり，CNNニュースを視聴しよう）を暗に求める命令文を見ました。このような一見，結果を求めているようで，実はそこに至るための対策を求めることを暗示している例は数多く存在します。たとえば，Be quiet.（静かにしなさい）という命令文では，表現上は「静かな状態にある」という結果が希求されている文ですが，実際に要求されているのは，結果である静かな状態を作り出すための事前の行動です。同様のことは (9) (10) についても当てはまります。[8]

(9) a. Don't be deceived by his looks.
　　　　（彼の外見に騙されるな）
　　b. Don't be told what to do.
　　　　（あれこれ命令されないようにしなさい）
(10) a. ?Fall into the water.
　　　　（水に落ちなさい）

---

[8] (9) (10) は，Panther and Thornburg (2000: 218, 223)。

b.　Don't fall into the water.
　　　（水に落ちないようにしなさい）

　(9a) の be deceived by his looks は「彼の見た目に騙されている」という結果の状態を表しているにもかかわらず，(9a) のような命令文が可能なのは，求められているのが「騙されていないという結果」ではなく，「このような結果を引き起こさないための事前の対策」で，その対策は，命令を受けた人が意図を持って行うことのできる動作だからです。次に (9b) を見てみましょう。通常，誰かに何かを命令されることは自分で制御不可能なことなのですが，ここで求められているのは，他の人に命令をされるような状況を起こさないように事前に対処せよということです。同様のことは (10) にも当てはまります。日常生活の中ではわざと水の中に落ちることは回避するのが普通であるため，通常 fall は，「（落ちないようにしていたのに）ついうっかり落ちる」という意味で用いられ意図を伴いません。したがって，(10a) は，特別な文脈でない限り，一般常識に照らし合わせると不自然な文になります。一方，(10b) の意味するところは，「落ちるという結果に至らない」ように事前に注意を払えということであり，命令された側は，自らの意図を持って行うことができる行為です。

（命令文で事実上求められているのはここ）

このように，(9)(10) いずれも推論によるずらしが存在し，「結果で（結果に至るための）手段」が示唆されています。

　上記の考察を踏まえて，(6) から (8) を再考してみましょう。ここまで論じてきたように，「落ちる」「計算ミスをする」「お金を失う」といった「ついうっかりやってしまった」望ましくない結果を伴う動詞は，一連の流れの中の結果であり，そこだけ単独で存在しているわけではありません。たとえば，梯子から落ちるには，梯子の登り降り（特に，降りること）があり，落ちないようにするための注意があり，そして，それを怠った際に最後に落ちるという結果が発生します。同様に，計算ミスの場合は，計算があり，できるだけ間違いないようにする注意があり，それを怠ると計算ミスが結果として生じます。「失う」も同じく，「失わないように注意をする」という前提があります。すなわち，表現上は「落ちる」「計算間違いする」「失う」という結果のみがクローズアップされていますが，そこには「（落ちないように）昇り降りする」「（間違えないように）計算する」「（失わないように）管理する」のように望ましくない結果を回避するための積極的な働きかけが暗示されています。このような点から (6) から (8) では，一見，観察者が対象の特徴を掴むための行為が十分でないかのように見えますが，結果に至る前段階において，望ましくない結果を避けるための積極的な働きかけが暗に含まれていると考えられます。したがって，to 不定詞の前に現れる形容詞は「対象と向き合う人が to 不定詞以下の関わり方をした際に現れる主語の特徴」であるという定義に反するものではありません。

　ここまで論じてきたことに基づいて，うっかりミスをしてしまう (6) から (8) のような文と意図を伴う動詞を用いた文の一連

の流れを図式化してみることにします。

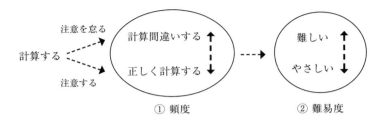

This book is easy to read. のような文が，行為の達成の難しさを難易度のスケール上に位置付けようとしている（＝上記の図の②）のに対し，(6) から (8) のような失敗に終わる文は，達成させようと思って始めた行為が頻繁に途中で失敗に終わることをスケール上に位置づけています（＝上記の図の①）。②では行為達成の「難易度」が焦点であったのに対し，①では，焦点は失敗発生の「頻度」に移ります。したがって，(6) の easy to fall off of は「降りるという行為を行っている最中注意を怠り落ちる結果に終わる」可能性の高さ，(7) の easy to miscalculate は「計算をしている最中注意を怠り，結果的に，計算ミスで終わる」可能性の高さ，そして，(8) の easy to lose は「お金を失わないよう監視する注意を怠り，結果的にお金を失ってしまう」可能性の高さをそれぞれ表しています。[9]

では，なぜ (6) から (8) のような文は望ましくない事態の発生の頻度を描写しているにもかかわらず，行為の難易度が関係する easy to ＋動詞の形式で表現することができるのでしょう

---

[9]「頻度」への移行は，熊代敏行氏の指摘による（私信）。容易に達成可能な行為は頻繁に発生するので「難易度」と「頻度」は密接に関係しています。

第10章 「ありえない」問題,「間違えやすい」問題　　155

か。[10] それは,このタイプの文の述部も,easy to read 同様,行為を行うことで顕在化する主語の特徴を描写しているからです。(9) (10) のような例で示してきたように,通常,私たちは望ましくないことが起きないように事前に回避する努力（注意）をすることができます。裏を返せば,避けることが可能であったにもかかわらず,望ましくない出来事が発生した場合,「回避のために当然行うはずの注意」が十分でなかったことを意味します。一度や二度の失敗であれば,行為を行う側の偶然の不注意と認識されるかもしれませんが,何度見ても悲しい絵は,見る側の感情のあり方（内的要因）としてではなく,むしろ絵のほうに悲しみの原因がある（外的要因）と見なすのと同じように,(6) から (8) のように繰り返して起きる出来事がある場合,「注意の怠りやすさ」の原因は,梯子（の構造）,請求書（の複雑さ）,仮想通貨（の市場における不安定さ）といった対象に見い出されるようになります。つまり,接する度に失敗を繰り返すと,私たちは「対象には失敗を誘発する性質がある」と見なし,対象のあり方にその原因があると捉えるようになるわけです。言うまでもなく,ここでも 9.5 節で示したものと同じような因果関係が成立していることになります（以下の図をご覧下さい）。このような捉え方が反映された easy to miscalculate のような表現は,easy to read 同様,

---

[10] 森田 (1989) は,日本語の「～やすい」は「物事に困難がなく気楽にいけるさま」を表し,「その気楽さが困難の解決や責任のある仕事の場合は〈易い〉,代金の支払いに対してなら〈安い〉」となり,どちらも「物事の安直さという点では共通」と指摘しています。それは「雨が降りやすい」のような出来事の発生の可能性,頻度の高さを表すような場合にも用いることができるという点で行為の難易度を評価する典型的な easy とは異なります。失敗に終わる動詞の場合は,この出来事の発生のしやすさを表す意味に近いと考えられます。

やはり，行為をしかけた時に現れる主語の特徴を描写したものであると考えられます。

10.5. まとめ

　本章では，形容詞＋to 不定詞を伴う構文で議論が十分でなかった問題を扱いました。一つ目は impossible の問題です。impossible は，「存在し得ない」という本来の意味と選り分けによる「存在し得ないぐらいに難しい」という意味を持ちます。このため，人の性格を描写するのに用いる impossible to talk to という表現が可能になります。二つ目は意図を伴わない動詞の問題です。このような動詞は一見対象に対する働きかけがないように見えますが，失敗を回避するための注意など一連の流れを考慮に入れると意図的な働きかけが背後に存在することが分かります。さらに，失敗か成功かの二者択一に視点が移るため，失敗を表す動詞と共起する easy は，行為達成の「難易度」から失敗発生の「頻度」へと焦点が移ることになります。失敗の頻度が高くなればなるほど偶然ではなく，原因が対象にあると読み替えられるようになります。つまり，この文は「失敗を繰り返す原因は主語の性質にある」という捉え方を表す文であると考えられます。

第 11 章

ずらす視点はどこから来るのか

ラッパも豆腐もやわらかい感触も
全部まとめて「バーブ」！

11.1. 人とともに学ぶ

アメリカの著名な言語学者である Patricia Kuhl は 2004 年に発表した論文の中で，子どもが言語を獲得する過程で周囲の人が果たす役割に関して興味深い実験結果を報告しています。[1] 生後 6 ヶ月から 8 ヶ月のアメリカ人の幼児に 1 回につき 25 分，計 12 回にわたり中国語を母語とする人が中国語の音を教えます。実験では，同じ内容を学び方によって 3 グループに分けています。第一グループでは，実際に中国語を母語とする人に来てもらい幼児に直接教えてもらいます。第二グループは，第一グループと同じ内容をビデオで見て学習します。また，第三グループは，クマのぬいぐるみを見ながら音声のみで同じ内容を学習します。[2]

---

[1] Kuhl (2004)。
[2] 実験により明確になったことの一つは，幼児が母語に反応するという内容ですが，ここでは論じません。

学び始めて二ヶ月後に，学習効果を確認してみると，第一グループには効果が見られたのに対し，第二，第三グループでは学習効果はありませんでした。Kuhlは，幼児の脳をさらに調査した結果，ことばを学ぶ（周囲の大人の発話をもとにデータを取る）際，社会的な問題を処理する機能が活性化していることを突き止めています。つまり，子どもは言語獲得に際して，直接ことばに関与する機能を活用しているだけでなく，周囲の人間との相互の関係性の中で学習していくようにプログラムされているということになります。[3]

11.2. 文脈とともに学ぶ

子どもは，語彙を獲得していく際，周囲にある物事の特徴を掴み，分類，整理し，グループに分けていきます。どのように単語の意味を覚え，何を基準にグループ（カテゴリー）を形成していくのかという問いに対しては，長年にわたり多くの仮説が立てられ，それを立証するための多くの実験が行われてきました。子どもと直接接触を持つ大人が，目の前にいる子どもに対象と語彙を結びつけながら教えていくという状況を前提に，形，色，材質など何を基準に子どもがカテゴリーを形成しているのかを調査するため，さまざまな実験が行われ，獲得の過程について多くの発見がありました。一方で，子どもは，語彙を獲得する以前から，日

---

[3] Patricia Kuhlの研究内容に関してはTED TALKにおいても視聴することができます。また，『NHKスペシャル 赤ちゃん 成長の不思議な道のり』（DVD, NHKエンタープライズ）の中でもこの件についてインタビューに答えています。

常生活の中で身体を通して対象と接触し，対象が用いられる場面を観察しながら，カテゴリー形成の基準にしているのではないかと考える研究者もいます。

たとえば，小林 (1992) では，幼児の語彙獲得の前提として文脈を理解し，当該対象を取り巻く状況を把握することの重要性が指摘されています。小林は，観察対象である H 児が 1.3 歳から 2.3 歳になるまで，周辺にある対象の名称をどのように獲得していくかを調査しました。以下は，その経過を示した表です。

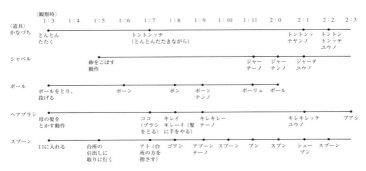

H 児による道具の名称の獲得（かたかなは H 児の発語，それ以外は H 児の動作を示す）

小林 (1992) では，子どもは，対象の名称を覚える前にその対象に特有の行為を言語化し，さらに，その道具が保管してある場所や，登場する一連の場面などの情報を覚えていることが報告されています。また，ここから分かることとして，小林は，子どもは初期の段階においては，語彙の属性を，形，色，大きさなどに分解して検証しカテゴリー化しているのではなく，個々の対象に向き合う時の特有の関わり方をまずは学ぶことを指摘しています。

11.3. アクションからは逃げられない

　周囲にある対象を理解し，大人と同じカテゴリーを形成する途中の過程で，子どもは，教えられるままにものを受け入れていくだけでなく，さまざまなオリジナルカテゴリーを作り上げていきます。たとえば，岡本 (1982: 142) では，ある子ども (10 か月から 1 歳) が「バーブ」という音で「豆腐屋のラッパ」「豆腐類」「什器類」「やわらかく弾力性のある状態」を表した事例が報告されています。同様に，Werner and Kaplan (1963) は，子どもは，対象の形や色に関心を示す前に文脈全体，とりわけ，自分と対象との向き合い方に関心を示すことが多く，自分の身体活動に基づいて大人とは異なるカテゴリーを形成していることを指摘しています。[4]

(1)　pin：「針，パン屑，ハエ，毛虫」(何か小さいものを指で床からつまみ上げる対象という点で共通)

(2)　door：「脚の高い自分の椅子についている盆台」「コルク栓」「ドア」(あるものから逃れたり，あるものを取り出そうとしたり，何かを取りに行こうとする時「邪魔するもの」という点で共通)

(3)　tap：「瓶のふたを開ける行為」「瓶」や「ペンチ」

---

[4] (1) (2) は Werner and Kaplan (1963: 118)，(3) から (5) は Werner and Kaplan (1963: 107) より引用。Werner and Kaplan (1963) に関する議論は，尼ヶ崎 (1990) を参考にしています。また，行為が対象や自己のあり方を決めていくという行為の理論は，すでに鎌倉時代，道元禅師が「正法眼蔵」の中で展開しています。

(4) bugge-bugge：もともとは，「大人が新聞を読む行為」であったが，のちに「読まれている事物（新聞，本，手紙など）」に拡張
(5) pooh：「マッチを吹き消す音」から「タバコ」「パイプ」（パイプに火をつける時に行われる一連の行為）
(6) pigne：「釘を金槌で打つ音」から，「釘そのもの」，「鍵」，「ペン先」

　これらはいずれも，子どもにとって目の前の対象がどのようなものであるかを基準にしたものです。たとえば，(1)は自分が対象に対して働きかけるアクションを基準に形成されています。(2)は，やはり，自分と対象との関わり方に関係するものですが，その中でも目的達成の障害になるものを指しています。(3)は自分との関係だけではありませんが，ふたを開ける行為，行為の対象に同じ語彙を用い，そこからさらに同じように何かを開ける時に使う道具を指し示すのにこの語彙を用いています。(4)(5)は，ある出来事の過程全体を把握し，その中に現れるさまざまなものを同じラベルで呼んでいます。(6)は釘を含む文脈が行為の対象に拡張し，その後，文脈の中の一部の対象の形状に着目し，語彙を尖ったものを指すのに用いています。このように，子どもは，対象の形状や材質のみならず，一連の流れの中で，そこに現れる対象が自分にとってどのような存在であるかを基準に意味づけしていくことで対象を理解していくと考えられます。

　いずれ，子どもは，目の前で自分が経験している特別な文脈から対象を切り離して理解することになりますが，対象がものの形で前面に出てきても，その背後にある（誰が，何の為に，どんな

場面で,どのように使うのかといった)情報は,対象に常に張りついた形で存在しています。Werner and Kaplan (1963: 188)によれば,子どもはかなり成長してからも,対象とそれに関わる行為を切り離すことができず,たとえば,5歳から6歳の子どもに「瓶」(bottle) の定義を聞くと,「その中にレモネードが入っているの」「そこに水を入れます」「赤ちゃんがミルクを飲むもの」「何か注ぐもの」という答えが返ってくるようです(対象と行為の関係は,私たち大人の語の定義の中にもしばしば登場します。椅子とは何かと尋ねられたら「座るもの」,本とは何かと聞かれたら「読むもの」といったように,対象の特徴として自己と当該対象の関わり方を答えるでしょう)。[5]

9.3節で触れたように,「動的な捉え方」(自分と対象との関わりをプロセスとして捉える)から「静的な捉え方」(対象との関わり方を対象の性質として読み替える)への変化は,帰属の転換であり,同じ状況全体の中の異なる側面に注目し,そこに焦点を当てるという意味では「ずらす」捉え方の一例であると考えられます。このように,「ずらす」見方は,まさに言語獲得の初期の段階においても見られる極めて基本的なものであり,私たちにとって基本的な認知能力の一つであると考えることができます。

---

[5] 一般的に子どもが新規の対象を分類する際に,対象の形,材質に注目して分類することはよくありますが,小林 (1997) の実験では,分類の際,それを扱う大人の扱い方(行動)が子どものカテゴリー化に影響を及ぼすことが確認されています。

11.4. まとめ

子どもは周囲の大人とともに物事を学んでいきます。ものを理解するということは，対象の形，色，大きさのような視覚的な情報だけでなく，用途，使える場所，場面も含め，自分にとってどのような存在であるのかを身体を通して理解することでもあります。子どもは，一連の流れの中で最初に用いたラベルを，同じ文脈に現れる（または，同じアクションを必要とする）別の対象（行為）にも用いるようになります。これは近接関係によるずらしと考えられます。ずらしは，こうした語彙獲得の前段階においても重要な役割を果たしますが，その後，集めた情報を対象の特徴として読み替える際にも，極めて重要な役割を果たします。[6] このように「ずらす」捉え方は，すでに語彙獲得の初期の段階から現れており，私たちにとって非常に本質的かつ必要不可欠なものであることが分かります。

---

[6] 鈴木（1973）では，辞書の定義とことばの意味は異なることが指摘されています。例えば，「痛み」という語の語義を明鏡国語辞典で引いてみると，語義の1つ目に「傷や病気で起こる肉体的な苦しみ，苦痛」と書かれています。これは「痛み」の本質的な意味（つまり感覚）ではなく，どういう状況になったら「痛み」に相当する感覚を体感できるかを説明したものです。このように辞書には，しばしば，ことば本来の意味ではなく，語義の感覚にたどり着くための方法が書かれています。ここからも，ことばの意味を支えているのは，その背後にある「対象を知るための動き」であることが分かります。

第 12 章

ずらして生まれる新しいことば

「とりあえず，ポチりました。」

12.1. みんなで国語辞典

　みなさんは『みんなで国語辞典』（北原保雄監修，大修館書店）という辞典をご存知でしょうか。ある辞書の発売を記念して行った「気になる言葉を選び自分なりに意味と解説をつける」キャンペーンに応募してきた全国 11 万の作品の中から 1300 を選び辞書にしたものです。通常，いわゆる流行語と呼ばれているものは数年すると使用されなくなるケースが多いので，辞書に編纂されることはありません。そこをあえて行った出版元の英断のおかげで，一般の人たちが作り出す生き生きとした新語の数々を目にすることができ，発売当初は本当にわくわくしながらページをめくったものです。全国から寄せられた新語の数々を丁寧に見ていくと，一見，多種多様な新語が渾然一体となって並んでいるように見えるものの，ある一定の規則に則って形成されていることが分かります。本章では，この辞典から「ずらす」ことが関係している例を拾い出し，このずらしの視点が新語形成という創造の場におい

ても重要な役割を果たしていることを確認していきます（以下，[ ]は『みんなで国語辞典』のページ数を表します）。

12.2. 「身体的特徴（性格，外見）」で「人物」

最初に，性格，外見の特徴を用いて人を表す例を見ていきます。これは，6.2 節において取り上げた身体的な特徴（持ち物含む）で人を表す例と関連があります。

(1) ガリマッチョ [11] 見た目はやせているが，実際は身体が引き締まって筋肉質な人。

(2) 強化系 [13] がんばり屋だが，単純で，一途，どこか抜けている人。

(3) 自過剰 [19] 自意識過剰の略。周りの話にすぐ反応し，なんでも自分のことのように感じること。または，その人。

(4) 人工天然 [24] 本当は普通の性格なのに，男にもてるため，わざと不思議キャラになりきる女の子。

(5) 人工ボケ・天然ボケ [24] 天然ボケのようにふるまいわざとぼけて可愛らしさをアピールする人。

12.3. 「対象」で「関連する行為」

次に，対象を用いてそれが含まれる行為を表す例を見ていきます。

(6) 腰パン [17] ズボンなどを腰のあたりではくこと。

(7) 激チャ [67]「激走チャリンコ」の略。急いで自転車をこぐこと。
(8) 全ジャー [73] 学生が体育や部活の時，特に冬などに，ダサい格好覚悟で寒さ対策のために上下でジャージを着ること。
(9) ダラひも [75] ヘルメットのひもをだらっと垂らして，しっかり締めないこと。
(10) 半ケツ [81] 昼食の時，椅子が足りない場合に，二人でひとつの椅子を使うこと。

12.4.「行為」で「行為者，または，行為の対象」

　三つ目は，行為を用いて，それに関わる人を指す例です。7.2 節で取り上げた a date（デートの相手），a suicide（自殺者），an influence（影響を与える人）などの例と関係があります。

(11) へたれ [49] なんでもすぐにやめてしまったり，投げ出してしまうこと。または，その人。
(12) 友ショー [77] 友達から紹介された人。
(13) 着拒 [101]「着信拒否」の略。単純に着信を拒否するという意味でも使われるが，自分の本能的に寄せつけない相手のことを示して使うこともある。
(14) ツンデレ [101]（意味 1）普段は無関心を装う，嫌悪感を示す等の突き放した態度を取っている（ツンツン）が，二人きりになると素直で親密な態度を取る（デレデレ），というように，公の場と個人的な場における振る舞い

のギャップ，または，状態変化。（意味 2）意味 1 のような態度を取る女性の通称。
(15) ツッコミ [127]（意味 1）手の甲で相手を軽く叩いて間違いを正す行為。（意味 2）漫才の中で（意味 1）の行為をする人。
(16) 多干渉 [173] いちいち無駄に干渉してくる人のこと。

12.5. 婉曲表現

特にアメリカ英語では，近接関係にある bathroom という表現を用いてトイレを指すことがありますが，他にも，spend a penny（1 ペニー使う），wash one's hands（手を洗う）などのような動作を用いて，間接的にトイレに行くことを表現することがあります。このように，少しずらして，物事をあからさまに表現することを避ける典型的な用法が婉曲表現です。新語においても，この手法を用いた表現が存在します。

(17) インスパイヤ [4]（意味 1）真似したにもかかわらずオリジナルを主張すること。（意味 2）著作物の盗作や，アイディアを真似したことを婉曲に伝えたいとき，うやむやにごまかしたいときに使う。
(18) リスペクト [38] 他人の著作物やアイディアを盗用すること。

(17)(18) はともに既存のものと酷似している場合，真似ではないことを強調するために用いられる表現です。元来は真似した結果，酷似した作品ができるという因果関係がありますが，下記の

ように，原因を「インスパイアされる」「リスペクトする」というポジティブな側面にシフトさせることで，単なる真似ではないことを強調する言い方です。

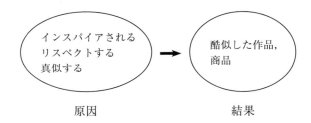

これは，同じ物事でも異なる側面に注目するという意味では，3.3 節で紹介した『ネガポ辞典』にも通じるところがあります。

(19) パッション [176] 濃い化粧のこと。

同様に (19) では，パッション（情熱）が原因となって，その結果，それが濃い化粧として現れるという因果関係が存在します（濃い化粧はパッションの現れ）。したがって，(19) は原因で結果を表す婉曲表現と考えられます。

12.6. 意味の一般化，特殊化

　厳密に言うと，シネクドキーと呼ばれる意味の包含関係に関わるずれです。「貞子」は鈴木光司のホラー小説「リング」に登場する特定の幽霊ですが，この個別具体的な事例を用いて，より大き

なカテゴリーである霊一般を指すことに用いられています。[1] 一方，意味が絞り込まれ特殊化する事例もあります。世の中に「アニキ」と呼ばれる人はいくらでもいますが，阪神タイガースファンの中で「アニキ」と言えば，特定の人物を指すことになります。さらに，単純に文脈なしで「上」と言えばいろいろな意味が想定できますが，ビジネスの場で「上が…。」と言った場合は「上司」に意味が絞られてきます。上の三つが名詞であったのに対して，(23) のような動詞も存在します。物事が終了する場面はいくらでも存在しますが，特定の場面（学校のような評価が関わる文脈）で「終わる」が用いられる場合は，絞り込まれた意味になります。

(20) 貞子 [18] 幽霊の総称。
(21) アニキ [112] 阪神タイガースの金本知憲選手のこと。
(22) 上が... [113] ビジネスで，会社などの組織における上司・上層部のこと。不平・不満を漏らす際や，本意ではないことをした時の責任逃れなどに使う。
(23) 終わる [64]（特にテストのあと）力が発揮しきれず，絶望に打ちひしがれること。

12.7.「擬態語，擬音語，擬声語」で「関連する行為，対象，様態」

出来事の中に登場する対象に関連する擬態語，擬声語，擬音語で関係する参与者，様態，行為，対象を示すものです。この章の

---

[1]「ホッチキス」「セロテープ」など商標が一般名詞化するのも同じ現象です。

冒頭で挙げた「ポチる」(インターネット上にある商品の購入ボタンを押して，購入を確定すること) は，このカテゴリーに入ります。

(24) ペコキュー [48] お腹が減った状態。
(25) ペコる [48] 相手に謝る。
(26) ぺら [49] 嘘をつくこと。また，嘘をつく人。
(27) カリカリ [118] ドライタイプのペットフードの俗称。
(28) クルッポー [170] ハト。

12.8. 【余談】寿司屋の隠語

『みんなで国語辞典』の中の新語形成について考察してきましたが，この章の最後に，このような語形成が，その後定着した事例として寿司屋の隠語を見ておくことにします。寿司屋で用いられる独特の表現は，紫(醤油)，軍艦(軍艦巻き)，シャリ(寿司飯)，下駄(寿司)のように類似性に基づくものが多く見られる印象がありますが，ずらしに基づくものも多く存在します。

(29) 涙 (わさび) わさびを食べると涙が出ることから。
(30) 鉄火 (マグロの赤身) 賭博場 (鉄火場) で食べたことから。
(31) いなり 油揚げが稲荷神社の神使である狐の好物であることから。
(32) かっぱ (きゅうり) きゅうりが河童の好物であることから。
(33) づけ (マグロの醤油漬け) 意味の特殊化。
(34) 光りもの (こはだ，イワシなど) 意味の特殊化。
(35) ガリ (生姜) 生姜を食べる時に出る音から。

(36) ヤマ（ばらん）材料の笹の葉が山で採れたことから。
(37) おどり（生きた車海老の寿司）エビが踊るように動く動きから。

このように，すでに慣習化している語彙の中においても，ずらしは深く浸透しています。

12.9. まとめ

　新語形成の過程においても，ずらしは重要な役割を果たしています。このように，対象の中にある顕著な部分に着目し，「らしさ」をクローズアップすることによって描写対象をより身近なものとして感じることができます。新語を作っている投稿者は，ずらして表現することを誰かから教えてもらったわけではありません。日常，多くのずらす経験をする中で，いつの間にかこうした表現を作ることができるようになったのです。このような点からも，ずらす捉え方が私たちのものの捉え方に深く浸透していることが分かります。

第 13 章

ずらす視点から分かること

13.1. システム 1 再び

　ここまで「ずらす」捉え方とその背後にあるメカニズムについて，さまざまな角度から論じてきました。第 1 章から第 3 章の議論を踏まえ，第 4 章では，ことばの選択の背後に反射のシステム 1 が機能しているという仮説を立て，第 5 章以降は，ずらしの視点とこの機能が関わると思われる多くの具体例を通してこの仮説を検証してきました。ここまでの議論を踏まえ，改めて Kahneman のシステム 1 とずらしの関係について考えてみることにします。

　ここで，システム 1 の特徴について振り返っておきましょう。第 4 章で触れたように，システム 1 は反射的で「努力を必要としない」のが大きな特徴です。喜怒哀楽が明確に現れている人間の表情を読み取ったり，二つの対象物のどちらが遠くにあるか認識するなど「動物に共通する先天的なスキル」(Kahneman (2011: 21-22)) がこれに当たります。これだけ聞くと，システム 1 は極

めて運動感覚に近いもの，先天的なものだけであるかのように見えますが（すでにチェスの例で見たように）実は学習によって得られるものも含まれます。私たちは「先天的でない知的活動を長年の訓練を通じて高速かつ自動的にこなせるように」なり，「このような知識は記憶に保持され，特に意図も努力もせずにアクセスできる」ようになります（Kahneman (2011: 21-22)）。たとえば，以下のようなものがそれに相当します。[1]

・2 + 2 の答を言う。
・「フランスの首都は？」という問いから答えを連想する。
・自分のおかれている社会的な状況の微妙な空気を読み，理解する。
・ある人の性格描写から職業を判別する（たとえば，もの静かな人は図書館司書のような仕事についているとか）。

システム 1 の特徴と今まで見てきたずらしの関わる現象を照らし合わせると，その多くが基本的にシステム 1 に基づいているという仮説は，やはり妥当であることが分かります。つまり，学習の結果，フランスの首都がパリであることを努力を伴わず思い浮かべることと，たとえば，「テレビを見る」という表現の「テレビ」が（映像を映し出す機械そのものではなく）「放送されている番組」を指していることを特に努力を伴わずとも理解できることは，いずれも先天的な知的活動ではなく，訓練を通じて（記憶に保持され）自動的にこなせるようになるもので，ほぼ同じようなプロセスを経た自動化であると考えられます。

---

[1] これらの例は，Kahneman (2011: 21-22) を参考にしています。

システム 1 のもう一つの特徴は，努力をしない限り，スイッチを切ることができないことです。第 1 章で扱ったさまざまな図を思い出してください。これらの図の認識の背後にはシステム 1 が作動しています。たとえば，1.2 節の（2）で見た同じ大きさの円柱が三つ並ぶ図では，たとえ一番奥の円柱と一番手前の円柱の大きさが同じであると教えられ，その場は納得したとしても，しばらくして再度この図を見たら，やはり奥の円柱が大きく，手前が小さく見えてしまうでしょう。もちろん，意識的に円柱の大きさが同じであることを自らに思い込ませ，システム 1 を作動しないようにすることは可能ですが，制御する努力を怠ればシステム 1 は再び作動し始めます。

　先ほど挙げた「テレビを見る」を再び考えてみましょう。すでに述べたように，この場合の「テレビ」は意識しなければ「放送されている番組」を指します。もちろん，それ以外のものを指す（つまり，テレビ本体を指す）と理解することは可能ですが，努力を怠れば，また元の理解（つまり，テレビ番組を指すという理解）に戻ってしまいます。このように，少なくとも慣習化しているメトニミーは，スイッチを切るとことができないという特徴を持つことから，システム 1 によるものであることが推測できます。

　メトニミーの背後にシステム 1 が作動していることは，システム 2 との比較からも明らかです。Kahneman (2011: 22) によれば，熟慮のシステム 2 の特徴は「歩く速度を少し速いペースに保つ」「狭いスペースに車を駐車する」「納税申告書に記入をする」といった注意を必要とする行動の背後で機能しています。一つ一つの行動が注意を要するものなので，システム 2 を必要と

する動作をしながら，もう一つ注意を要することをしようとすると，一方の動作がしばしばおろそかになります。3.5 節で消えてしまうゴリラ（クマ）の話題を取り上げましたが，ゴリラやクマが見えなかったのは，被験者が（システム 2 を用いる）「バスケットチームのパスの数を数える」ことに注意を払うあまり，通常なら想定外のものが現れた時に払っている注意を払えなかったためです。別の例を考えてみましょう。いつもより速度を少し速いペースにして歩き続けようとすると，ペースを維持することに注意が向けられるようになります。ここではシステム 2 が機能しています。この速歩きをしながら，たとえば，通話（とりわけ，取引先との大事な話）をするとか，明日の会議の段取りを考えるとか，もう一つ注意を要するようなことをすると速歩きのペースが落ちる（乱れる）可能性が高くなります。[2] では，通話や考え事の代わりにメトニミーを含んだ文の理解だったらどうでしょうか。たとえば，速歩きをしている最中に「この近くに，高いけど美味しい店があるからあとで行ってみよう。」または，「あの銀行，親切だけど，いつも人がいなくて，潰れそうだよね。」と話しかけられたら，「店」が何を指しているか「銀行」何を指しているか考えることに注意が向けられ，歩くペースが保てなくなったりするでしょうか。システム 2 の関わる（すなわち，注意を必要とする）動作にはかなりの幅がありますので，程度の差はあると思いますが，この事実から考えると，やはり，少なくとも慣習化されているメトニミーに関しては「長年の訓練を通じて，高速かつ自

---

[2] システム 2 を二つ同時に用いる例は，Kahneman（2011: 39-40）の議論を参考にしています。

動的にこなせるようになる」システム1におけるものと考えるのが妥当であると結論づけることができます。[3]

13.2. 近くまでいく

第5章から第12章まで,ずらして見る視点が多くの現象に関わっていることを見てきました。ことばは,厳密な定義が可能な単語と精緻化された文法規則によって支えられているというイメージを持っている方には,なぜ,ともすると少々ルーズに見えるこのような捉え方が多くの現象に関与しているのか不思議に思われたかもしれません。ずらして見る視点は,厳密さを欠くため,ことばの機能としては,デメリットであるかのように見えますが,構造が複雑で用途が一つの道具より,シンプルでありながら使い道の広い道具のほうが便利なのと同様に,描写対象の捉え方が緩やかであればあるほど,それだけ柔軟に用いることが可能であることを意味します。「だいたいこの辺り」というポイント(参照点と言います)まで近づいて,(知識や経験で)わざわざ言わなくても理解可能な部分に関してはあえて言語化しないこと(つまり,自動化できるところはできるだけ自動化すること)で,表現の煩雑化を避けることが可能になります。単語そのものが参照点的な役割を果たしているおかげで,第6章で取り上げた,topless meeting の topless や dolphin safe tuna の dolphin safe

---

[3] Rapp (2011) の fMRI を用いたメトニミー理解に関わる脳の部分についての調査によれば,慣習化しているメトニミー(名詞)は,文字通りの文を理解するのと同じ部分を用いて処理されているのに対して,新規のメトニミーに関しては,異なる処理のされ方をしています。

ようになかなり複雑な意味内容を含んだものでも，百科事典的知識を援用して，一度その複雑な意味関係を理解しておけば，ことばを煩雑にすることなく，すっきり表現することができるのです。

メトニミーの理解に百科事典的知識が重要な役割を果たすことは，すでに第5章で詳しく述べた通りです。従来の言語学では，絡んだ糸をほぐすように，複雑な現象は，一つ一つ構成要素に分け，別々に精査していくことが分析方法の主流でした。そのため，語の意味の研究においては，単語の持つ本来的な意味（辞書的意味）とそれ以外の意味（百科事典的知識）を区別し，まずは，前者のみをことばの研究対象とする手法が取られてきました。しかし，身体機能の問題を考えるにあたり当該部位だけを見ていても解決しないのと同じように，ことばもことば以外の領域とどのように相互依存し，全体がどのような関係性を維持し，その中でことばがどのような役割を果たしているのかを捉えていかないと本質は見えてきません。したがって，便宜上の区別はともかく，ことばの本来的な意味とそれ以外の意味を明確に区別することは，ことばの本質を解明するにあたっては，必ずしも有益であるとは限らないことも十分注意しておくべきことです。[4]

---

[4] Littlemore（2015）では，メトニミーがここで取り上げたような狭義のことばの問題だけではなく，ユーモア，皮肉，誇張，手話，ジェスチャーなど広い意味でのことばの問題，そして，音楽，アート，踊り，映画，広告，異文化コミュニケーションのような領域においても重要な役割を果たすことを指摘しています。また，メトニミーの仕組みを学ぶことで，ことばの仕組みのみならず，説得，人間関係の形成といったことについても学ぶことできることが述べられています。

13.3. 過去の蓄積と学習の重要性

　ずらす視点の研究から分かるもう一つの重要な点は，学習の重要性です。13.2 節で述べたように，メトニミーにおける最後の微調整には，さまざまな知識が必要不可欠です。しかし，膨大な知識と柔軟なルールさえあれば，すぐにことばが使えるようになるかと言えばそういうわけではありません。文法的には可能であるのに，実際には使われない文はたくさんありますし，場面によっては使えない表現もたくさんあります。また，表現を構成している個々の部分の意味はよく分からないけれど，表現全体として丸覚えしているものもたくさんあります（たとえば，「せいぜいこのあたりが関の山だ」「うだつが上がらない」）。否定形，疑問形など特定の形でしか使わないものもあります（たとえば，「とんでもない」「めっそうもない」「仕方がない」）。形容詞と名詞の複合語の場合も両者にどのような関係が読み込まれるかは，あらかじめ予測はできません。たとえば，topless の意味が，「ラップトップをはじめとする通信機器なしの」の意味に読み替えられるとは 20 年前には予測できなかったはずです。どのような関係が読み込まれるのかは，ある意味，出たとこ勝負です。私たちは，慣習化されているものも含め，こうした表現の使い方とその頻度を一つ一つ丁寧に覚えて自動化に結びつけているわけです。

　さらに，文化によるスキーマの偏重も学習による産物に他なりません。ことばのオートフォーカス機能は，日頃のデータの集積があって初めて作動するものであることは本論ですでに述べた通りです。もし，スキーマも繰り返し運用されることで，自動化しているとすれば，私たちは，気がつかないうちにあるものの見方

を選択させられていることになります。であるとすれば，文化として何を学習し，何を選ばされているのかを認識することは，私たちのものの捉え方を知る上で，極めて重要なことであることは言うまでもありません。

　哲学者の Ludwig Wittgenstein は，自著 *Philosophische Untersuchungen*（邦題『哲学的探求』）の中でことばを「旧市街」と「新市街」の共存にたとえています。今となっては，かつてどのように使われていたのかはよく分からなくなってしまった古い町並みが存在する一方で，その周りには今の人たちが作り上げた今の時代にあった近代的な都市が存在し，両者は共存をしています。Wittgenstein は，ことばもこれに似ていると指摘しています。ことばは，使い始めた当時の経緯がほとんど分からなくなってしまった慣習化した表現を数多く内包する過去の歴史の蓄積という面を持つ一方で，今まで誰も発したことのない新たな表現を無限に作り出すことができる創造的な側面も兼ね備えています。

　有限個の規則から無限の文を作り出すことできる力，今まで誰も見たことも聞いたこともない文を生み出す創造性が，ことばの大きな特徴であることは疑う余地がありません。また，その無限の文を生み出す規則がどのようなものであるかを考察していくことが重要であることは誰もが認めることであります。しかし，その一方で，本書での議論からも明らかなように，ことばを知っているということは過去に蓄積された言語慣習を知っている（そして，その一部は自動化され直感になっている）ということとさほど違いがないということも否定できない事実です。もし，この考え方が妥当であるのなら，ことばの研究において，創造的な側面のみならず，学習および慣習の側面も改めて深く掘り下げていく

ことが非常に重要になってくると思います。[5]

13.4. まとめ

おおよその目的地に接近し,最後に微調整するというアプローチは,ことば以外の身体活動にも用いられる極めて自然な対処方法です。一見このような流動的な捉え方は,厳密さを欠くため,ことばのシステムにとっては不都合であるかのように見えますが,柔軟であるからこそ極めて合理的な機能であると見ることもできます。ずらしの多くの事例では,システム1が機能していますが,瞬時に何の努力もなくオートフォーカス機能を作動させるためには,個別の言語表現に関わる知識の蓄積が非常に重要になります。もしそうであるとすれば,反射的なことばの選択の問題を解明するためには,個別学習の重要性を改めて見直す必要があると思われます。

---

[5] この点に関しては,Taylor (2012) の議論が参考になります。

あ と が き

　この原稿の執筆中に，マーク・ピーターセン先生の『英語のこころ』（インターナショナル新書，集英社インターナショナル）を読んでいたところ，その中に出てきた Aretha Franklin の Take a look（ちゃんと見てな）という歌の中の一節（18 ページ）が目にとまりました。

> Brothers fight brothers, sisters wink their eyes, while silver tongues bear fruits of poison lies.
> （黒人の男は自分たちで争い，黒人の女は，それをおもしろ半分に見逃す。その上，口だけ達者な奴は毒の嘘をつきやがる。）

本書をお読みいただいたみなさんは，すでにお気づきかとは思いますが，この一節のほとんどが「ずらし」でできています。brothers で黒人男性，sisters で黒人女性を表しますが，これは意味の特殊化の例です。また，wink one's eyes は，意味ありげなウィンクというジェスチャーで，「見て見ぬ振りをする」ことを暗示しています（ジェスチャーについては，本書 p. 102 を参照）。また，silver tongues の tongues は，口という身体部位によって口の持ち主を表しています。

　さらに同書を読み進めると，今度は 101 ページから夏目漱石の『こころ』を英語に翻訳する際の難しさについて論じられています。「こころ」＝heart としたいところですが，英語の heart という単語は，無冠詞単数形だと「熱意」「元気」「勇気」のような

側面が焦点になるため,そのまま直訳するわけにいきません。「こころ」も heart も精神的な活動を生み出す源,そこから転じて物事の中心という中核的な意味は共通でありますが,そこからどのような側面に焦点が当てられていくか(すなわち,どのようなずれが起きるか)という点では両者に違いが見られます。

　本論でも取り上げてきたように,私たちの身の回りには,こうしたずらしが溢れており,私たちは,それらを特に意識することもなく当たり前のように用いています。CM,映像,歌,日常会話など,ずらしはどこにでも存在し,これらを理解することなくして日々の生活は成り立ちません。

　メトニミーの問題が興味深いのは,『言語学の教室』(中公新書,中央公論新社)において西村義樹先生が指摘されているように,文法の根幹に関わる問題を多く含んでいるからです。さらに踏み込んで言えば,本書で論じてきたように,私たちのものの捉え方の根幹に関わる多くの問題を含んでいるからです。日常に浸透しているせいかあまり注目されることもありませんが「近くまでよってピント合わせ」する参照点的な捉え方は,たとえば,どこかに出かける際,目的地付近までおおよその見当をつけて行き,そこから地図を見ながら正確に目的地を探し出す時のように,「だいたいのあたりをつけ,最後に微調整する」人間の他の一般的な探査のパターンとも酷似しており,非常に合理的,かつ基本的な捉え方の一つです。さらに,全体を何もかも余すところなく厳密に言い尽くすのではなく,一部を示すことで全体を推し量る見方は,どこか日本の俳句や伝統芸能の伝承のようなところもあり,点的な世界に生きている私たちには馴染みやすいものに感じられます。

その一方で，瞬時に的確なポイントに焦点を合わせることを可能にしていることばの可塑性の問題は，昨今の人工知能のディープラーニングにおける重要な課題（フレーム問題，特徴抽出の問題）の一つであり，人間の思考や認知全般の中に落とし込んで考えると非常に興味深い問題であります。さらに，この問題をもう少し突き詰めていくと，タイトルにも用いた「選択」ということばが浮かび上がってきます。日常生活は選択と選択肢に溢れています。何を食べ，何を着るかといった日常生活の中の選択はもちろんのこと，視点の選択，そして，それを伝えるための言語表現の選択もその一種です。選択，とりわけ，無意識のうちに選ばされてしまっている選択のメカニズムを見極め，ことば，物事の理解，価値判断などの根底にある共通の原理が解明できれば，今後，ことばと他分野の垣根を超えたもう少し大きな枠組みでの研究につながっていく可能性も十分に考えられます。「選択」というキーワードには，そんな思いも込められています。

　本書は，このような一見シンプルで馴染みのあるものの実は複雑な「ずらし」をあえてクローズアップし，ずらして見ることがことばや認知の中で果たす役割を改めて明確にすることを試みたつもりです。

　この書籍を出版するにあたって，多くの方にお世話になりました。少し長くなりますが，謝辞を申し上げたいと思います。まず，この書籍を出版する機会をくださった開拓社の川田賢さんに深く感謝申し上げます。折に触れ，アドバイス，そして励ましのお言葉をいただき，川田さんのご支援がなければこの書籍は出版にこぎつけなかったことと思います。そして，突然ご連絡を差し上げたにもかかわらず快くツイート転載の許可を下さったハラ出

ぷっちょさん，(´のー の♭ さん，Simon_Shin さん，顔に見えるものの写真をご提供くださった玉坂めぐるさん，そして，錯視図の転載をお許しくださった北岡明佳先生（立命館大学）に御礼申し上げます。

研究面でも，多くの方にお世話になりました。まずは，原因帰属の問題，アフォーダンスの問題などに目を向けさせてくれた本多啓先生（神戸外国語大学）に深く感謝します。同僚の熊代敏行先生，古賀裕章先生，平沢慎也先生，長谷川明香先生には原稿を最初から最後まで丁寧に読んでいただき，数多くのコメントをいただきました。同じく同僚の辻幸夫先生，小屋逸樹先生，田谷修一郎先生からも執筆の途中でご助言を賜りました。深く感謝申し上げます。

時代を少し遡りますが，1980 年代後半に，現在の日本認知言語学会の前身（関東版）にあたる認知言語学研究会を有志数名で始めました。その頃より多くの時間を共にし，多くの助言やサポートをしてくださった坪井栄治郎先生（東京大学），友澤宏隆先生（一橋大学），野村益寛先生（北海道大学）に御礼を申し上げたいと思います。また，この書籍の議論の一部の元となる研究会への参加の機会をくださった森雄一先生（成蹊大学），米山三明先生（元成蹊大学）にも大変お世話になりました。さらに，折に触れご助言をくださった大堀壽夫先生（慶應義塾大学），高橋英光先生（元北海道大学），森田彰先生（早稲田大学）にも深く感謝申し上げます。

在外研究期間中，米国スタンフォード大学にてお世話になりました松本善子先生にも深く感謝申し上げたいと思います。松本先生のデータは，極めて日常的なものでありながら核心をつくもの

が多く，いつも興味深く拝見しておりました．スタンフォード滞在時，先生の研究の一端と先生の連体修飾に関するデータソースのお話を直接伺えたのは貴重な経験でした．

　そして，学部時代の恩師である河西良治先生（中央大学）と西村義樹先生（東京大学）に深く御礼申し上げます．統語論，意味論，語用論など言語学全般に精通しておられる河西先生のご指導のおかげで，学部時代に広い視野でことばの問題を考えることができ，それが本書の礎になっています．また，本書において，先生の「選り分け」という概念を援用させていただくことで，長年途中半端なところで止まっていた分析を一歩前進させることができました．そして，今から 35 年ほど前，河西先生との出会いとほぼ同時期，西村義樹先生と初めてお会いしました．私が学部 2 年生，西村先生が修士課程の頃だったと思います．それ以来，数え切れないほど多くのご指導を受け，今回の原稿を含め，私が今まで書いたもののほぼすべてに目を通していただきました．もちろん，メトニミーに関する議論も長時間おつきあいいただき，さまざまなアドバイスをいただきました．西村先生がいらっしゃらなければ，私は今とは異なる道を選択していたことだけは間違いありません．

　最後に，電気通信大学の奥浩昭先生に心より感謝の言葉を述べたいと思います．私が中学時代に通っていた学習塾で英語を教えてくださった先生は，大学進学のご報告をした際，私を神保町に連れて行ってくださり，文学，言語学，その他，ジャンルを問わず，大学生として読んでおく必要のあるさまざまな本をご紹介くださいました（単行本も含めるとその日だけで少なくとも 50 冊は買ったと思います）．その中の 1 冊にサピア・ウォーフの仮説

に関する書籍があり，これがことばの問題へのめり込むきっかけとなりました。先生のおかげで，学部では迷わず河西先生のもとに向かうことができました。さらには，先生のご紹介で東京大学の学部・大学院合同の授業を聴講させていただくこともでき，そこで西村先生（そして坪井先生，友澤先生）とお会いすることになります。私のすべての原点は奥浩昭先生との出会いにあります。改めまして深く感謝を申し上げる次第です。

  2019 年 3 月

篠原　俊吾

参 考 文 献

赤瀬川原平(1999)『新解さんの謎』文春文庫,文藝春秋,東京.
芥川龍之介(1987)「桃太郎」『芥川龍之介全集 5』ちくま文庫,筑摩書房,東京.
尼ヶ崎彬(1990)『ことばと身体』勁草書房,東京.
Ariely, Dan (2009) *Predictably Irrational—the Hidden Focuses that Shape Our Decision* (Revised and Expanded Version), Harper, New York. [熊谷淳子(訳)(2010)『予想どおりに不合理』[増補版],早川書房,東京.]
Carmichael, L., H. P. Hogan and A. A. Walter (1932) "An Experimental Study of the Effect of Language on the Reproduction of Visually Perceived Form," *Journal of Experimental Psychology* 15, 73–86.
Chabris, Christopher and Daniel Simons (2010) *The Invisible Gorilla*, Broadway Paperbacks.com, New York. [木村博江(訳)(2011)『錯覚の科学』,文藝春秋,東京.]
Fauconnier, Gilles and Mark Turner (1996) "Blending as a Central Process of Grammar," *Conceptual Structure, Discourse and Language*, ed. by Adele Goldberg, 113–129, CSLI Publications, Stanford.
Fauconnier, Gilles and Mark Turner (2002) *The Way We Think: Conceptual Blending and the Mind's Hidden Complexities*, Basic Books, New York.
Gibbs, Raymond W. (1994) *The Poetics of Mind: Figurative Thought, Language, and Understanding*, Cambridge University Press, Cambridge. [辻幸夫・井上逸兵(監訳),小野滋・出原健一・八木健太郎(訳)(2008)『比喩と認知 ことばと心の認知科学』研究社,東京.]
羽生善治(2011)『大局観』角川 One テーマ 21,角川書店,東京.

Hassin, Ran R., John A. Bargh and James S. Ulleman (2002) "Spontaneous Causal Inferences," *Journal of Experiential Social Psychology* 38, 515–522.

Hirtle, Walter H. (1982) *Number and Inner Space, A Study of Grammatical Number in English*, Les Presses de L'Université Laval, Québec.［秋元実治（訳）（1992）『数詞と内部空間 ギョーム理論から』勁草書房，東京．］

本多啓（2013）『知覚と行為の認知言語学 「私」は自分の外にある』言語・文化選書41，開拓社，東京．

Hsee, Christopher (1988) "Less is Better: When Low-value Options Are Valued More Highly than High-value Options," *Journal of Behavioral Decision Making* 11, 107–121.

池上嘉彦（1981）『「する」と「なる」の言語学——言語と文化のタイポロジーへの試論——』大修館書店，東京．

池上嘉彦（1982）「表現構造の比較」『日英語比較講座4 発想と表現』大修館書店，東京．

池上嘉彦（1995）『英文法を考える』ちくま学芸文庫，筑摩書房，東京．

池上嘉彦（2006）『英語の感覚・日本語の感覚』NHKブックス，日本放送出版協会，東京．

池上嘉彦（2007）『日本語と日本語論』ちくま学芸文庫，筑摩書房，東京．

池谷裕二（2009）『単純な脳，複雑な「私」』朝日出版社，東京．

Iyengar, Sheena (2010) *The Art of Choosing*, Grand Central Publishing, New York.［櫻井祐子（訳）（2010）『選択の科学』文藝春秋，東京．］

Johnson, Thomas. J., R. Feigenbaum and M. Weiby (1964) "Some Determinants and Consequences of the Teacher's Perception of Causation," *Journal of Educational Psychology* 55, 237–246.

Kahneman, Daniel (2011) *Thinking, Fast and Slow*, Penguin Books, London.［村井章子（訳）（2014）『ファースト＆スロー』〔上〕〔下〕ハヤカワ文庫，早川書房，東京．］

河西良治（2017）『人生の意味論 価値評価をめぐって』言語・文化選書66，開拓社，東京．

Kasparov, Garry (2007) *How Life Imitates Chess*, William Heineman

LTD, New Hampshire. ［近藤隆文（訳）（2007）『決定力を鍛える』NHK 出版, 東京.］

北原保雄（監）「もっと明鏡」委員会（編）（2006）『みんなで国語辞典』大修館書店, 東京.

国広哲弥（1997）『理想の国語辞典』大修館書店, 東京.

久野暲・高見健一（2004）『謎解きの英文法　冠詞と名詞』くろしお出版, 東京.

小林春美（1992）「アフォーダンスが支える言語獲得」『言語』, Vol. 21, No. 4.

小林春美（1977）「語彙の習得」『子どもたちの言語獲得』, 小林春美・佐々木正人（編）, 37–45, 大修館書店, 東京.

Kobayashi, Harumi (1997) "The Role of Actions in Making Inferences about the Shape and Material of Solid Objects among Japanese 2-year-old Children," *Cognition* 63, 251–269.

Kuhl, Patricia K. (2004) "Early Language Acquisition: Cracking the Speech Code," *Nature Reviews Neuroscience* 5, 831–843.

Lakoff, George (1977) "Linguistic Gestalts," *Papers from 13th Regional Meeting of Chicago Linguistic Society*, 236–287.

Langacker, Ronald W. (1999) *Grammar and Conceptualization*, Mouton de Gruyter, New York.

Langacker, Ronald W. (2008) *Cognitive Grammar: A Basic Introduction,* Oxford University Press, Oxford.

Langacker, Ronald W. (2009) "Metonymic Grammar," *Metonymy and Metaphor in Grammar*, ed. by K. Panther, L. Thornburg and A. Barcelona, 45–71, John Benjamins, Amsterdam.

Lee, David (2001) *Cognitive Linguistics An Introduction*, Oxford University Press, Oxford. ［宮浦国江（訳）（2006）『実例で学ぶ認知言語学』大修館書店, 東京.］

Littlemore, Jeannette (2015) *Metonymy: Hidden Shortcuts in Language, Thought and Communication*, Cambridge Studies in Cognitive Linguistics, Cambridge University Press, Cambridge.

Marcus, Hazel R., Yukiko Uchida, Heather Omoregie, Sarah S. M. Townsend and Shinobu Kitayama (2006) "Going for the Gold:

Models of Agency in Japanese and American Contexts," *Psychological Science* 17 (2), 103-112.

丸山圭三郎 (1983)『ソシュールを読む』岩波書店, 東京.

Masuda, Takahiro and Richard E. Nisbett (2001) "Attending Holistically versus Analytically: Comparing the Context Sensitivity of Japanese and Americans," *Journal of Personality and Social Psychology* 81 (5), 992-934.

松本大介 (1999)『「学校英語」ではわからない英語の常識』講談社 α 文庫, 講談社, 東京.

松本善子 (1993)「日本語名詞句修飾構造の語用論的考察」『日本語学』12 巻 12 号, 101-114.

Matsumoto, Yoshiko (1997) *Noun-Modifying Construction in Japanese A Frame Semantic Approach*, Studies in Language Comparison Series, John Benjamins, Amsterdam.

松本善子 (2007)「フレームの統合——日本語の複合名詞句構造——」『言語学の諸相』, 久野暲, 牧野成一, スーザン・G・ストラウス (編), 144-154, くろしお出版, 東京.

Menon, Tanya, Michael W. Morris, Chiyue Chiu and Ying-yi Hong (1999) "Culture and the Construal of Agency: Attribution to Individual Versus Group Dispositions," *Journal of Personality and Social Psychology* 76 (5), 701-717.

森田良行 (1989)『日本語をみがく小辞典〈形容詞・副詞篇〉』講談社現代新書, 講談社, 東京.

森田良行 (1998)『日本人の発想, 日本語の表現』中公新書, 中公公論社, 東京.

Murphy, Raymond (1985) *English Grammar in Use*, Cambridge University Press, Cambridge.

中室牧子 (2015)『「学力」の経済学』ディスカヴァー・トゥエンティワン, 東京.

中室牧子・津川友介 (2017)『原因と結果の経済学』ダイヤモンド社, 東京.

ネガポ辞典制作委員会 (2012)『ネガポ辞典——ネガティブな言葉をポジティブに変換』主婦の友社, 東京.

西村義樹（1992）「認知言語学序説――意味論の可能性（III）」『実践女子大学文学部紀要』第 34 集，17-39.
西村義樹（2002）「換喩と文法現象」『認知言語学 I：事象構造』，西村義樹（編），285-311，東京大学出版会，東京．
西村義樹（2018）「認知言語学の文法研究」『認知文法論 I』，西村義樹（編），シリーズ認知言語学入門 4，大修館書店，東京．
西村義樹・野矢茂樹（2013）『言語学の教室　哲学者と学ぶ認知言語学』中公新書，中央公論新社，東京．
岡田武史・羽生善治（2011）『勝負哲学』サンマーク出版，東京．
岡本夏木（1982）『こどもとことば』岩波新書，岩波書店，東京．
Ono, Tsuyoshi and Suzuki Ryoko (1992) "The Development of a Marker of Speaker's Attitude: The Pragmatic Use of the Japanese Grammaticized Verb *Shimau* in Conversation," *Proceedings of the 18th Annual Meeting of the Berkeley Linguistic Society: General Session and Parasession on The Place of Morphology in a Grammar*, 204-213.
尾上圭介（1985）「主語・主格・主題」『日本語学』第 4 巻 10 号，30-38.
大杉正明（監）（1997）『NHK ラジオ英会話　リスニングテキスト What's New? 2』DHC，東京．
Panther, Klaus-Uwe and Linda L. Thornburg (1998) "A Cognitive Approach to Inferencing in Conversation," *Journal of Pragmatics* 30, 755-769.
Panther, Klaus-Uwe and Linda L. Thornburg (1999) "The Potentiality for Actuality Metonymy in English and Hungarian," *Metonymy in Language and Thought*, ed. by K. Panther and G. Radden, 333-357, John Benjamins, Amsterdam.
Panther, Klaus-Uwe and Linda L. Thornburg (2000) "The Effect for Cause Metonymy in English Grammar," *Metaphor and Metonymy at the Crossroads*, ed. by A. Barcelona, 215-231, Mouton de Gruyter, New York.
Panther, Klaus-Uwe and Linda L. Thornburg (2003) *Metonymy and Pragmatic Inferencing*, John Benjamins, Amsterdam.
Panther, Klaus-Uwe and Linda L. Thornburg (2010) "Metonymy," *The*

Oxford Handbook of Cognitive Linguistics, ed. by D. Geeraerts and H. Cuychens, Oxford University Press, Oxford.

ピーターセン，マーク（2018）『英語のこころ』インターナショナル新書，集英社インターナショナル，東京．

Pinker, Steven (1989) *Learnability and Cognition*, MIT Press, Cambridge, Massachusetls.

Pustejovsky, James (1991) "The Generative Lexicon," *Computational Linguistics* 17 (4), 409–441.

Ramachandran, V. S. and Sandra Blakeslee (1988) *Phantoms in the Brain*, Harper Collins Publishers, Inc. William Morrow, New York. ［山下篤子（訳）（2011）『脳のなかの幽霊』角川文庫，角川書店，東京．］

Rapp, A. M., M. Erb, W. Grodd, M. Bartels and K. Markert (2011) "Neurological Correlates of Metonymy Resolution," *Brain and Language* 119 (3), 196–205.

Rapp, A. M., D.E. Mutschler and M. Erb (2012) "Where in the Brain Is Nonliteral Language? A Coordinate-based Meta-analysis of Functional Magnetic Resonance Imaging Studies," *Neuroimage* 63, 600–610.

Reid, Wallis (1991) *Verbs and Noun Number in English*, Longman, London.

Richardson, John F. (1985) "Agenthood and Ease," *Papers from the 21st Regional Meeting of Chicago Linguistic Society*, 241–251.

酒井智宏（2012）『トートロジーの意味を構築する「意味」のない日常言語の意味論』くろしお出版，東京．

佐々木健一（監）（2006）『レトリック事典』大修館書店，東京．

佐藤信夫（1987）『レトリックの消息』白水社，東京．

佐藤信夫（1992a）『レトリック感覚』講談社学術文庫，講談社，東京．

佐藤信夫（1992b）『レトリック認識』講談社学術文庫，講談社，東京．

佐藤信夫（1996）『レトリックの意味論』講談社学術文庫，講談社，東京．

澤田浩子（2001）「有題文における形容詞属性表現——ヒトとモノの属性世界についての考察——」*KLS* 21, 270–280, 関西言語学会．

篠原俊吾（2002）「「かなしさ」「さびしさ」はどこにあるのか」『認知言語

学I:事象構造』,西村義樹(編),261-284,東京大学出版会,東京.
鈴木孝夫 (1973)『ことばと文化』岩波新書,岩波書店,東京.
瀬戸賢一 (1997a)『認識のレトリック』海鳴社,東京.
瀬戸賢一 (1997b)「意味のレトリック」『文化と発想のレトリック』,巻下吉夫・瀬戸賢一(著),93-175,研究社出版,東京.
瀬戸賢一(編集主幹),武田勝昭・山口治彦・小森道彦・宮畑一範・辻本智子(編)(2007)『英語多義ネットワーク辞典』小学館,東京.
田中実 (1996)『英語形容詞の口語用法小事典』大修館書店,東京.
Taylor, John (2012) *Mental Corpus: How Language Is Represented in the Mind*, Oxford University Press, Oxford.［西村義樹・平沢慎也・長谷川明日香・大堀壽夫(編訳),古賀裕章・小早川暁・友澤宏隆・湯本久美子(訳) (2017)『メンタル・コーパス』くろしお出版,東京.］
外山滋比古 (1987)『日本語の論理』中公文庫,中央公論社,東京.
外山滋比古 (1992)『英語の発想・日本語の発想』NHKブックス,日本放送出版協会,東京.
Van Oosten, Janne (1977) "Subjects and Agenthood in English," *Papers from 13th Regional Meeting of Chicago Linguistic Society*, 459-471.
Werner, Heinz and Kaplan, Bernard (1963) *Symbol Formation: An Organismic-developmental Approach to Language and the Expressions of Thought*, John Wiley and Sons, New York.［柿崎祐一(監訳),鯨岡峻・浜田寿美男(訳) (1974)『シンボルの形成』ミネルヴァ書房,京都.］
Wierzbicka, Anna (1988) *The Semantics of Grammar*, John Benjamins, Amsterdam.
八亀裕美 (2012)「評価を絞り込む表現形式」『属性叙述の世界』,影山太郎(編),79-89,くろしお出版,東京.
Yamada, Haru (1997) *Different Games, Different Rules: Why Americans and Japanese Misunderstand Each Other*, Oxford University Press, Oxford.［須藤晶子(訳) (2003)『喋るアメリカ人 聴く日本人』成甲書房,東京.］
Zechmeister, Eugene B. and James E. Johnson (1992) *Critical Think-

ing: A Functional Approach, Brooks/Cole Publishing Company, Pacific Grove. [宮元博章・道田泰司・谷口高士・菊池聡 (訳) (1996)『クリティカル・シンキング 入門篇』北大路書房, 京都.]

索　引

1. 事項，人名に分け，日本語は五十音順，英語はアルファベット順に並べてある。
2. 〜 は直前の見出し語を代用する。
3. 数字はページ数を表す。

事　項

[あ行]

アイランド・フォーム　58
あるべき姿　17, 146-148
一般化　68, 168
意図　105, 150, 152, 153, 156, 173
依頼　34, 77, 105-107
因果関係　vii, 53, 54, 59, 81, 122, 126, 128, 132, 135, 155, 167, 168
ウナギ文　56
英語多義ネットワーク辞典　98
選り分け　145, 146, 148, 156
オートフォーカス　vi, vii, 39, 50, 60, 62, 63, 70, 74, 80, 110, 121, 178, 180

[か行]

外的要因　127, 134, 144, 155
可算　110, 111, 117, 121
　〜扱い　110-112, 115, 116, 119, 120
　〜化　117-119
　〜性　120, 121
　〜名詞　109, 115, 118
カニッツァの図形　13
観察者　129, 130, 133-135, 137, 153
間接発話行為　105
記憶　17-19, 29, 44, 52-55, 133, 173
帰属　124-129, 131-136, 138-140, 144, 162
　〜エラー　128
　〜関係　125, 131, 136, 140
　〜先　127, 135, 137, 140
　〜対象　140
　〜問題　126, 140
近接関係　56, 58, 65-67, 74, 83, 85, 99, 100, 147, 148, 163, 167
ゲシュタルト認知　14
形容語転移　136, 140

原因帰属　124, 129
結果で原因　93, 103, 104
結果で手段　151
行為の対象　94-96, 142, 144, 161, 166
個体性　110-114, 116, 117, 119, 120

[さ行]

辞書的意味　45-47, 177
システム1　36-38, 40, 41, 172-174, 176, 180
システム2　37, 174, 175
自動化　173, 176, 178, 179
シナリオ　19, 54, 105, 107
シネクドキー（提喩）　68, 74, 76, 135, 148, 168
シミュラクラ現象　10
情意形容詞　129, 134, 137
情態形容詞　129
述語フレーム制約　78
受動態　93-96, 108
新解さんの謎　44, 45
新明解国語辞典　44, 45
推論　54, 59, 100, 101, 103-105, 108, 127, 152
スキーマ　23-28, 30, 32-35, 77, 93, 96, 97, 135, 155, 178
前景　20, 23, 24, 93
　〜化　94, 111, 116, 119, 120, 125
線的　58

〜論理　57

[た行]

単独評価　8
知識　vi, vii, 13, 20, 40, 44, 45, 48-51, 53-56, 59-61, 64, 70, 71, 74, 78-80, 102, 129, 173, 176-178, 180
チェッカー・シャドー錯視　4
直感　vii, 36, 38, 39, 42, 50, 58, 179
点的　58
　〜論理　57
特殊化　67, 68, 168-170
転喩　91-93, 108
特徴　47, 48, 52, 63-66, 68-70, 76, 96, 129-131, 134, 142, 144, 145, 148, 150, 153, 155, 158, 162, 163, 165, 172-174, 179

[な行]

内的要因　127, 128, 132, 134, 155
ネガポ辞典　25, 168
難易度　142, 144, 149, 150, 154-156

[は行]

背景　20, 23, 24, 28, 29, 35, 51, 124, 125, 130
反射的　v, vi, 40, 42, 61, 172, 180

パラダイムシフト　27, 125
頻度　154-156, 178
百科事典的　46
　　〜意味　45-47
　　〜知識　45, 60, 70, 78, 80, 177
標本数　126
不可算　110, 111, 115, 117, 121
　　〜扱い　110-113, 115, 119
　　〜化　110
　　〜名詞　109-111, 116
プロセス　38, 52, 83, 84, 90, 98,
　99, 108, 162, 173
文化　30-32, 35, 56, 115, 178, 179
並列評価　8
補完　13-15, 19, 20, 54, 56, 59,
　70, 78

[ま行]

見えないゴリラ　28
ミュラー・リヤー錯視　4
みんなで国語辞典　164, 165, 170
メタファー（隠喩）　97, 100
メトニミー（換喩）　61-63, 68,
　82, 100, 107, 108, 136, 174-178
　　〜的　84, 103, 125, 132, 141
　　〜表現　90

[や行]

容器と中身　66, 67

[ら行]

流動
　　〜性　63, 124
　　〜的　134, 137, 180
論理　31, 57, 58, 77
　　〜関係　56
　　〜構造　56
　　〜性　56
　　〜的　31, 32
　　〜展開　58, 59

人　名

赤瀬川原平　44, 45
芥川龍之介　20, 21, 23
尼ヶ崎彬　160
池上嘉彦　30, 56, 57, 76, 82, 88,
　89, 91, 94, 115, 120, 135
池谷裕二　14, 40, 133
大杉正明　15
岡田武史　36, 38, 41
岡本夏木　160
尾上圭介　138
河西良治　145, 146
北岡明佳　3, 5, 13
北原保雄　164
国広哲弥　49, 61, 90
熊代敏行　154
久野暲　57
古賀裕章　83
小林春美　159, 162

酒井智宏　147
佐々木健一　91, 136
佐藤信夫　51, 63, 68, 137, 138, 141
澤田浩子　131
鈴木光司　168
鈴木孝夫　46, 47, 163
瀬戸賢一　63, 68, 74, 76, 82, 98, 135, 148
高見健一　57
田中実　72, 74
玉坂めぐる　11
津川友介　128
坪井栄治郎　70
道元　160
外山滋比古　57, 58
中室牧子　126, 128
西村義樹　87, 90, 93, 94, 96, 135
('の―の♭　10, 12
野村克也　128
羽生善治　vii, 36, 38-42, 50, 58
ハラ出ぷっちょ　1
ピーターセン，マーク　86
松本大介　86
松本善子　78, 79
丸山圭三郎　146
三浦しをん　44
森田良行　95, 96, 155
森山直太郎　51
八亀裕美　131

Adelson, Edward H.　4
Anderson, Leroy　50

Ariely, Dan　6, 7
Blakeslee, Sandra　27
Bush, George　18, 25
Carmichael　17
Chabris, Christopher　18, 19, 28
Clinton, Bill　123
Clinton, Hillary　18
Diamond, Jenness　117
del Toro, Guillermo　109
Escher, Maurice　24
Fauconnier, Gilles　78
Gibbs, Raymond　101, 102
Hassin, Ran R.　53
Hirtle, Walter H.　116, 117, 120
Holmes, Sherlock　26
Hsee, Christopher　7
Iyengar, Sheena　24, 30, 34
Jackson, Michael　13
Jobs, Steve　55
Johnson, James E.　124
Johnson, Thomas J.　127
Kahneman, Daniel　36-38, 42, 51-53, 125, 126, 172-175
Kaplan, Bernard　160, 162
Kasparov, Garry　39
Kerry, John　24
Kingsley, Ben　29
Kuhl, Patricia　157, 158
Lakoff, George　71
Langacker, Ronald　51, 57, 130
Larabie, Ray　12
Lee, David　6, 70, 75, 76, 86
Littlemore, Jeannette　50, 64-67,

85-87, 92, 101, 146, 177
Murphy, Raymond   114, 116
Marcus, Hazel   32
Matsumoto, Yoshiko   78
Menon, Tanya   30
Manson, Marilyn   123
Moore, Michael   122, 123
Necke, Hermann   50
Offenbach, Jacques   50
Ono, Tsuyoshi   97
Prince   13
Panther, Klaus-Uwe   101, 103-105, 107, 151
Pustejovsky   49
Ramachandran, V. S.   27
Rapp, A. M.   176
Reid, Wallis   117-119

Richardson, John F.   150
Rossini, Gioachino Antonio   50
Simon_Shin   122, 126
Simons, Daniel   18, 19, 28
Suzuki, Ryoko   97
Sweetser, Eve   70
Taylor, John   180
Thatcher, Margaret   17
Thornburg, Linda   101, 103-105, 107, 151
Turner, Mark   78
van Oosten, Janne   149
Werner, Heinz   160, 162
Wierzbicka, Anna   68
Wittgenstein, Ludwig   179
Yamada, Haru   31, 33
Zechmeister, Eugene B.   124

篠原　俊吾（しのはら　しゅんご）

1963年，東京生まれ。慶應義塾大学大学院文学研究科英米文学専攻後期博士課程（1998年単位取得退学）。現在，慶應義塾大学法学部教授。専門は，認知言語学。

主要業績：「『悲しさ』『さびしさ』はどこにあるのか：形容詞文の事態把握とその中核をめぐって」（共著，『認知言語学Ⅰ：事象構造』東京大学出版会，2002年），「換喩と形容表現」（共著，成蹊大学文学部学会編『レトリック連環』風間書房，2004年），「相互作用と形容詞」（共著，『言語のダイナミズム』くろしお出版，2008年），『認知言語学のための14章 第3版』(John Taylor (2003) *Linguistic Categorization* 3rd Edition)（分担翻訳，紀伊國屋書店，2008年）

選択の言語学
──ことばのオートフォーカス── 　　　　　　　　　　　　　＜開拓社 言語・文化選書79＞

2019年3月22日　第1版第1刷発行

著作者　　篠原俊吾
発行者　　武村哲司
印刷所　　日之出印刷株式会社

発行所　　株式会社　開拓社　　　〒113-0023 東京都文京区向丘1-5-2
　　　　　　　　　　　　　　　　電話　(03) 5842-8900（代表）
　　　　　　　　　　　　　　　　振替　00160-8-39587
　　　　　　　　　　　　　　　　http://www.kaitakusha.co.jp

Ⓒ 2019 Shungo Shinohara　　　　　　　　　　ISBN978-4-7589-2579-2　C1380

JCOPY ＜出版者著作権管理機構 委託出版物＞
本書の無断複製は著作権法上での例外を除き禁じられています。複製される場合は，そのつど事前に，出版者著作権管理機構（電話 03-3513-6969, FAX 03-3513-6979, e-mail: info@jcopy.or.jp）の許諾を受けてください。